中公新書 2395

青柳いづみこ著

ショパン・コンクール

最高峰の舞台を読み解く

中央公論新社刊

はじめに

この本を書くきっかけになったのは、二つのできごとだった。

ひとつは、音楽大学に合格したばかりの元生徒の何気ないひとこと。「先生、ボク、小学校の卒業文集で三つの願いを書いたんです」と彼は言う。ひとつはオーケストラと共演する、もうひとつは東京の音大に合格する。最後はショパン・コンクールに出場すること。

「前の二つは成就したので、最後も実現させたいんです」

どこかできいたような話だと思った。たとえばイチロー選手。彼は小学校の卒業文集で、「僕の夢は一流のプロ野球選手になることです」と書いている。控えめすぎる夢というべきだろう。彼は日本にとどまらずアメリカの大リーグでも一流の選手となったのだから。

水泳の北島康介《きたじまこうすけ》選手も、自分の夢は「国際大会でメダルを取り、日本の代表選手に選ばれて、オリンピックに出ることだ」と書いているが、そのオリンピックで二大会連続で金メダルを取ることまでは予想していなかったようだ。

もっと壮大な夢を成就させたのはサッカーの本田圭佑《ほんだけいすけ》選手だ。やはり小学校の卒業文集で、「W《ワールド》カップで有名になって　ぼくは外国から呼ばれて　ヨーロッパのセリエA《アー》に入団します」と書いたことはよく知られている。そして本田選手のすごいところは、その二つとも実現させてしまったことだ。

きっとたくさんの子供たちが、今も卒業文集で、それぞれの憧《あこが》れの分野で同じような夢を綴《つづ》っているにちがいない。でも、その夢は、大半の場合、単なる夢物語で終わる。

サッカーのワールドカップとショパン・コンクール（フレデリック・ショパン国際ピアノ・コンクール）は、いずれも最高峰の戦いの場だが、システムはずいぶん違う。サッカーは四年に一度、大会ごとに異なる国の異なる都市で開催される。ショパン・コンクールはポーランドのワルシャワで五年に一度開催される。

サッカーでは、世界を六地域に分けてホーム・アンド・アウェイ方式で予選をおこなう。地区ごとに一次、二次、最終予選――など複数の段階に分けられ、場合によってはプレーオフや大陸間プレーオフを経て本大会に進む三二か国を選抜する。本大会でもグループリーグによる予選ラウンドがあり、熾烈《しれつ》な総当たり戦を勝ち抜いた上位二チームだけが決勝トーナメントに出場できるしくみになっている。

ショパン・コンクールも回を追うごとに応募者数が増えるので、いくつかの都市でオーディションを実施する案もあるようだが、経費その他の問題で採用されていない。地区予選は不公平になるという意見もある。たしかにそうかもしれない。地域ごとにレヴェルが違う、審査員が違う、楽器も違う。自分の声で勝負する声楽や、自分の楽器で演奏する管・弦楽器と違い、ピアニストは会場にそなえつけの楽器で自分の芸術を表現しなければならない。会場やピアノが違えばそこから生まれる音楽も違ってくるだろう。

もちろん、サッカーの地区予選だって不公平なことはある。中東の国ではピッチが荒れている、気候の変動が激しい、アウェイだと審判が不利な判定をする可能性がある等々……。組み合わせの運不運もある。強豪国がひしめく地区では、もし他の地区なら本大会に出る実力のあるチームがあえなく敗退してしまう。日本も、アジア地区に強豪国のオーストラリアが組み込まれたときは大変脅威に感じたものだ。首尾よく本大会に進んだところで、抽選で八つのグループに振り分けられるから、強豪チームがいる「死のグループ」にはいったりしたらおしまいだ。

しかし、サッカーはスポーツだから、少なくとも勝ち負けははっきりしている。公明正大にゴール数の多いほうが勝ちだ。もし同点のままなら延長戦があり、それでもドローならＰＫ戦で決着をつける。

ピアノは芸術なのでそうはいかない。テクニックと芸術性のバランス、テキスト解釈の良し悪し、プレゼンテーション能力、オーラのようなもの……は審査員の判定で決まる。採点競技のフィギュア・スケートのように細かい審査基準があるわけでもない。体操競技のように、演奏する作品の難易度で点数が加減されるわけでもない。

すべては、国も民族も年齢も、育ってきた環境も、音楽的な志向も好みも異なる審査員たちの裁量に任されている。だから、コンクールは審査員のメンバーによってがらりと結果が変わってしまうことがある。

ショパン・コンクールに地区予選はないが、かといってワルシャワで実演を審査できる人数は限られている。応募者が二五〇名を超えた一九九五年（第一三回）からは、一定の曲目による演奏録画を提出してもらい、師事歴やコンクール歴を記した書類と照らし合わせて出場者を絞るようになった。

ＤＶＤ審査は二〇〇〇年（第一四回）にも実施されたが、二〇〇五年（第一五回）は一時的に廃止され、書類選考を通過したすべての応募者がワルシャワに集められた。審査委員長のアンジェイ・ヤシンスキによれば、審査をより公平なものとするために採られた措置、とのことだった。

しかし、人数が多すぎたので、会場を国立ショパン音楽大学のコンサートホールと文化科学宮殿の二か所に分けることになり、参加者は、響きや設置されているピアノなど条件の異なる会場での演奏を余儀なくされた。審査員も二つのグループに分かれ、コンクール事務局曰《いわ》く不公平のないように（分けることそのものが不公平だと思うが）、日替わりでそれぞれの会場で審査した。一日が終わるごとに両審査団が集まって話し合いの場をもったらしいが、そもそも聴いていない演奏についてどう討議しようというのだろう。

大学の卒業試験などで複数の会場で審査員が手分けして審査をおこなうことはあるが、天下のショパン・コンクールである。同じ条件ではないなら、渡航費用など応募者の全額負担でワルシャワに集めることもないではないか。

この事前審査の方法は物議を醸し、二〇一〇年（第一六回）には書類・DVD審査＋予備予選のシステムに戻されることになる。

私がショパン・コンクールに興味をもち、本書を書くことになったもうひとつの、そして直接のきっかけが、この二〇一〇年なのである。正確に言うなら四月の予備予選のあとだった。私は二〇〇六年から日本ショパン協会の理事をつとめているが、四月の理事会で、先輩理事の一人で、予備予選の審査から帰ってきたばかりの海老彰子《えびあきこ》に会った。

コンクールは如何《いかが》でしたか？　ときいたところ海老は、いずまいをただして、実は大変なことが……ときり出した。

このときは三五三名の応募者があったが、書類・DVD審査で一六〇名に絞られ、予備予選への参加を承認された。ところが、この時点である有力なコンテスタント（コンクール参加者）が落ちていることに、ある審査員が抗議を申し入れ、それが認められて新たにその人と同ランクの五五名が再招集されたとのこと。

この年は折悪《おりあ》しくアイスランドで火山が噴火し、予備予選の途中から飛行機が飛ばなくなった。コンテスタントは招集日に向けてシベリア鉄道での移動を強《し》いられたり、モスクワの空港で何日も足止めされたりと、大変だったらしい。招集時間に間に合わないコンテスタントも続出し、審査は混乱をきわめた。新たに追加審査日が設けられたが、参加承認者全員が演奏できたわけではなく、審査員も一部以外は異なるメンバーだった。

すったもんだの末に八一名が選出され、秋の本大会ではロシアのユリアンナ・アヴデーエワが、女性としてマルタ・アルゲリッチ以来四五年ぶりの優勝を飾った。

その年の暮れ、月刊誌『ショパン』二〇一一年一月号に載った中国人審査員フー・ツォン（一九五五年の第三位）のインタビューにより、「ある審査員」が彼であり、「あるコンテスタント」は他ならぬアヴデーエワであったことが判明した。

聞き手の森岡葉《もりおかよう》から、「アヴデーエヴァ《ママ》は、最初の書類＆ＤＶＤ審査に通らなかった追加の55人のひとりのようですね」と質問されたフー・ツォンは次のように答えている。

「彼女を落とすなんて考えられませんが、こういうことはコンクールではよくあることです。彼女が参加できないのなら、誰に参加する資格があるのかと、私は怒ってショパン研究所に電話をしました」

前にも書いたとおり、ショパン・コンクールはサッカーのワールドカップのように、ピアニストをめざす若者たち憧れの舞台である。ワールドカップにも地区予選があり、そこで勝ち上がらないと本大会に出場することができない。審判の微妙な判定もいつも物議を醸す。しかし、いったん予選で負けた国が敗者復活のように勝ち上がり、最後に優勝してしまうことなど考えられない。世界中が注目している国際コンクールで、ワールドカップやオリンピックより間違いない檜《ひのき》舞台なのに、どうしてそんなことが起きるのか、不思議だった。

当初は、強引にアヴデーエワを推したフー・ツォンに非があると思っていたが、事情をきいてみるとどうもそうでもないらしい。フー・ツォンはエリートが受講することで知られるミラノのコモ湖国際ピアノ・アカデミーでアヴデーエワを指導しており、彼女の実力は知っている。実際に、アヴデーエワは春の予備予選で完璧《かんぺき》に弾き、秋の本大会でも一貫して高得点をマークした。

さまざまな国の審査員が審査する春や秋と違って、書類・DVD審査に携わるのはポーランドの教育者やピアニストのみである。審査員たちの言い訳は、「アヴデーエワが提出したDVDは画質・音質がよくなかった」というものだった。審査委員長のアンジェイ・ヤシンスキは、高坂《こうさか》はる香《か》のインタビューに答えてこう語る。

「きっと、真剣に録音をとらなかったのでしょう、多くの応募者が何回も演奏しなおして録音をした中で……。録音による審査は、正しく実力を見極めるのには適していなかったかもしれません。それぞれに環境が違うし、現実に、録音で良くても実際の演奏は悪かった場合もありました」（『ショパン』二〇一〇年一二月号）

コンクールを主催するショパン研究所（Fryderyk Chopin Institute）ディレクター（当時）のアンジェイ・スウェクも「DVD審査という方法は間違っていた」（『ショパン』二〇一〇年七月号）という意見をもっていた。「それぞれに状態も異なり、比較が難しく、たくさんのことが評価の妨げになります」（では、なぜその方式が採用されたのだろう?）。

書類・DVD審査というからには、審査員たちは、コンテスタントの経歴やコンクール受賞歴を記した書類も参照しているはずである。アヴデーエワは二〇〇六年、ワルシャワの四年前にジュネーヴ・コンクールで一位なしの二位を得ている。ジュネーヴといえば、アルゲリッチが一九五七年に女性部門で優勝、マウリツィオ・ポリーニも男性部門の第二位に入賞している若手演奏家の登竜門だ。そんな重要な経歴を無視してまで「画質」「音質」を優先したのだろうか。

ショパン・コンクールは春の予備予選からインターネットで全世界に配信されるが、事前選考はクローズド（非公開）でおこなわれる。二〇一〇年の事件は、この段階で——故意にか偶然か——正当な評価がくだされなかったことを示している。アヴデーエワはたまたまフー・ツォンによって「救済」されたからよかったが、他にもそういうケースがあるかもしれない。追加招集されなかったコンテスタントやその指導者の胸のなかには、自分だって、自分の生徒だってあるいは「救済されたかもしれない」というやりきれない思いが残ったのではないだろうか。

何しろ五年に一度の檜舞台なのである。

これがオリンピックなら、シドニー五輪（二〇〇〇年）の水泳代表から漏れた千葉すず選手のように、不透明な選考方法に疑問を感じてスポーツ仲裁裁判所に調停を依頼することもできる。残念ながら決定は覆らなかったが、その訴えは日本水泳連盟を動かし、現在ではきわめてロジカルな選抜方法が採用されている。この結果、北島康介選手がリオデジャネイロ・オリンピック（二〇一六年）の代表を逃したことは記憶に新しい。

フィギュア・スケートでも、六点満点の芸術点と技術点という曖昧《あいまい》な採点方法が禍《わざわい》してソルトレークシティ・オリンピック（二〇〇二年）で悪質な不正事件があり、それを期に、審査員の個人的な感情がはいる余地のない厳密すぎるほどの採点方法が定められ、現在に至っている。

しかるに音楽コンクールはどうか。ショパン・コンクールの規則書には、審査委員会の決定についてはいかなる抗議も認められないという一文があり、出場希望者はサインを求められるという。

どうしてコンテスタントはそんなに弱い立場なのだろう。サッカー選手や水泳選手と同じように幼いころから練習を積み重ね、たくさんの成功と挫折《ざせつ》を体験し、仲間たちと切磋琢磨《せっさたくま》して腕を磨いてきたのに。その道に賭《か》ける思いは少しも変わらないのに。

日本ショパン協会の理事は、五年に一度のコンクールをワルシャワで観戦するならわしになっていて、会長の小林仁《こばやしひとし》を団長に「ショパン国際ピアノ・コンクール視察旅行ツアー」も組まれている。私は二〇一〇年のときは参加しなかったが、次回は現地に行って体験してみなければ、と強く思った。

ショパン・コンクール†目次

はじめに　i

ショパン・コンクール

最高峰の舞台を読み解く

第一章　二〇一五年の予備予選

1　DVD撮影

私の元生徒の夢は「ショパン・コンクール優勝」でも「入賞」でもなく、「出場すること」だったが、実は出場するだけでも大変なことである。というのは、ここまで語っているように書類・DVD審査があり、それを通過しても予備予選があり、セレクトされた八〇名のなかにはいらないと秋の本大会に「出場」したことにすらならないからだ。

二〇一五年（第一七回）のコンクールの場合、申し込みの締め切りは二〇一四年一二月一日だった。要項には、以下の必要書類が記載されている。

a）申し込み書（ウェブサイトからダウンロードしてプリントアウトしたものに書き込む）
b）一〇〇〇字程度のプロフィール
c）生年月日を証明するもの

d）三枚の写真（プログラムに使用できる解像度をもつポートレイト一枚を含む）
e）音楽教育の証明書
f）ピアノ教師もしくはピアニストによる二枚の推薦書《すいせん》
g）過去三年間の音楽活動（コンクール歴など）を証明する資料
h）本大会の第一次予選の曲目を録画した映像資料。応募者の手の動きと右側の顔がわかるもの。ひとつのカメラで撮影し、ひとつの作品の間は編集していないもの
i）一〇〇ユーロの振り込み証明書

ネットでの申し込みは受け付けないので、すべての書類を揃《そろ》えて期日までに到着するように郵送しなければならない。海外留学組は現地の郵便事情もまちまちだから、早めに送っておいたほうが安心だ。とはいえ、師事した先生たちに推薦書（欧文、または翻訳を添付）も依頼しなければならないし、コンクールに入賞している場合、賞状のコピーも必要。日本の音楽教育機関から卒業証明書も取り寄せなければならない。受験料の振り込みにも神経を使う（一九八〇年の第五位、海老彰子が申し込んだときはフランス語の規則書とポーランド語のそれで金額が食い違っており、フランス語の規則書にもとづいて送金した海老はいったん失格になっている）。

しかし、いちばん手間と費用がかかるのはやはりDVD撮影だろう。コンクールの規則書には、「ヴィデオ画像にはピアニストの手の動きと右の横顔がすべて映っている必要がある。カ

メラは一台で、一曲を演奏している間はカットしてはならない」と書かれている（前評判の高いフランスのあるピアニストが、この規約を守らなかったため申し込みが受理されなかったという）が、撮影方法や画質については明記されていない（ここが問題だ。ミス・ユニバースのようなコンテストなら解像度が指定されるだろう。ちなみに、ポートレイトについては「プログラムに使用できる解像度」が要求されているのだが）。

もっとも簡易な撮影方法は自宅でホームヴィデオで撮ることだが、音質、画質の点でクオリティが低くなるし、ダイナミックレンジも狭くなる。運よく録音設備をそなえた音楽大学に通っている学生の場合は、専門の技師も調律師もいるため、よい状態の録画を制作できる。楽器会社のスタジオやコンサート・ホールを借りてホームヴィデオで撮影する方法もある。この場合、楽器はよくメンテナンスされたプロ仕様だから問題ない。ホールを借りると、使用料はかかるが、ライン（音声ケーブル）から音をもらえるので音質はぐっと上がる。地方在住で地元に適当なホールがない場合、わざわざ東京に出てきて録音するケースもあるときく。もちろん、旅費、ホール代は自己負担になる。

万全なのは、専門業者に依頼することだろう。二〇〇〇年のコンクールで第六位に入賞した佐藤美香《さとうみか》は、たまたま私がCD録音したレコード会社で応募用のDVDを制作していた。レコード会社もコンテスタントの懐《ふところ》具合を知っているから、他のアーティストの収録の合間を縫って撮影したらしいが、大きな国際コンクールともなると前段階の準備も大変なのだなと思ったことをおぼえている。

コンサートのヴィデオ撮影を請け負う業者が応募用ＤＶＤを制作する場合もある。そのひとつ、JK arts（ジェイケイ・アーツ）の木下淳《きのしたじゅん》は、以下のような手順で作業をすすめるという。

まずは会場選び。天井の低いスタジオよりはホールのような大空間のほうが望ましい。たとえば二〇分の演奏をＤＶＤにする場合、ピアノの調律時間を除き、最低でも二時間、できれば四時間の収録時間が必要だという。マイクはペアで用意し、よりよい音で録音できたほうを採用する。電気系統に起因するノイズ、たとえば空調や照明の音がはいらないように最大限の注意を払う。カメラは三台並べ、二台は演奏者の全身が映るアングルで撮影し、もう一台は別目的で使えるように上半身のアップが映るアングルにしている。撮影後は、録画中のメモを参考に、曲ごとに通し演奏をつないだヴィデオを演奏者に見てもらい、応募用ＤＶＤに収録するテイクを決める。

日本ならこのように最善をつくした撮影も可能だが、海外留学中のコンテスタントはもっと条件が悪い。二〇一〇年のコンクールでディプロマを受賞した渡辺友理《わたなべゆり》に話をきいた。渡辺は現在、読売新聞社甲府支局の記者をつとめているが、ショパン・コンクールのころはイタリアのイモラ音楽院に留学中だった。提出期限の一か月前から録画を始めたものの、「日本のようによい録音機器がない。ピアノが悪い、狂っている。録音してくれる人がいないので、ピアノと録音機器を行ったり来たりしながらの録音」だったとのこと。

ひとつの作品について編集はできないが、納得のいく動画ができるまで何度も撮り直すことは許されている。イモラ音楽院はコンクールを受けるのに協力的ではなかったので、友人のホームヴィデオを借りて、ミスのないように何回も撮った。音楽院のホールは演劇用の会場なので弾きづらいし、ピアノの調律もしてくれなかったらしい。

知人が所有するホテルの一室を貸してもらって、曲ごとに撮影環境が変わらないように必ず午前中に録音することにした。ホームヴィデオの場合は、機械が勝手に大きな音をカットしたり、小さな音を拾ったりするのでどうしても平坦《へいたん》になりやすい。メリハリがつくようにタッチを工夫し、曲目も、いろいろな面を見てもらえるようにとあれこれ考えた。

音声と画像は別々に撮っており、それを組み合わせるためには業者に頼む必要があるが、イタリアではなかなか見つからず、「泣きながら探した」と語ってくれた。

2　DVD審査

コンテスタントたちがさまざまな方法で撮影したDVDを、実際にどのように審査するのだろうか。

二〇一五年の応募者は四五五名にのぼり、書類・DVD審査はその年の二月におこなわれた

（審査対象は四四五名）。二週間にわたって朝から晩まで八時間、ときには一〇時間に及ぶ過酷な審査だったという。審査員はポーランド人八名。優勝者を落としてしまった前回の反省をふまえ、ピアニストを中心に音楽学者、録音技師まで加えたメンバーで構成された。

具体的な審査内容については、音楽評論家下田幸二《しもだこうじ》が現地で取材し、『音楽の友』二〇一五年五月号に書いた記事（下田「道標」第九回）に詳しい。

事前審査員のレシチンスキによれば、DVD審査は以下のようにしておこなわれた。

「提出書類を見ながら演奏録画を聴き、25点満点でポイントを付けました。審査委員の生徒の場合は点数を付けられません。445人のすべての演奏を聴くのはたいへんなことですから、審査委員長のポポヴァ＝ズィドロン氏のイニシアティヴで演奏を聴いていき、審査委員8人中の5人が「十分に聴いた」と申告した時点で、点数を提出しました。そして、平均値を出します」

ここで気になるのは、第一次予選の曲目（およそ二〇～二五分）による提出録画をどのようにピックアップして聴いたかということだ（下田によれば、練習曲《エチュード》とバラード、スケルツォ系に重点が置かれたとのこと）。どの楽曲でみきわめがつくか、楽曲のどの部分がポイントかなど、高度な専門的見地から選択し、判断したのだろう。誰かが「もう少し聴かないと判断できない」と申し出たときはさらに選択して聴いたのだろう。しかし、合格しなかった二八五名にとってみれば、全部聴きもしないで……という思いは残るにちがいない。

審査員の一人に話をきいたところ、練習曲《エチュード》は「革命」こと『作品一〇-一二』が多く、一〇〇回以上聴いたとのこと。右手の「タラッララー」のリズムを楽譜どおりではなく複付点で弾いているケースが多かったという指摘があった。

ＤＶＤ審査の練習曲《エチュード》は本大会の第一次予選と同じで、二つのグループから一曲ずつを選択する。「革命」は第一グループにはいっていて、他に『作品一〇-一』、『作品一〇-四』、『作品一〇-五』、『作品一〇-八』、「木枯らし」こと『作品二五-一一』。「革命」を選んだコンテスタントは、より難度の高い『作品一〇-一』や「木枯らし」を回避したと解釈することもできる。

予備予選出場者の曲目表を見ると、一五八名（棄権も含む）のうち「革命」を入れているのは一九名。ＤＶＤ審査の合格率より大分低い。五年後に「革命」で申し込みを考えている人は、右手のリズムに配慮する必要があろう。

審査方法にもどろう。

「極端な点数評価による利益または不利益を避けるため、出した平均点からもし3点以上隔たった点数をつけた審査委員がいた場合、その点数をカットした上で、もう一度平均値を出します。それにより、より公平な点数になります。順位は参加者の名前を伏せて審査会議に出されました。そして、上位１６０名が選ばれたのです」（同前）

コンクール事務局長のミフニエヴィチによれば、「１６０人目の平均点は17・31、１６１人目は17・27。そこで、結果が分かれた」（同前）という。下田が名を伏せた審査表を見たところでは、以下も小数点第二位の差でずらりと得点が並んでいたというから、本当に僅差《きんさ》だったことがわかる。おそらく、ほんの少しの要因が勝敗を分けたのだろうが、予備予選のように公開審査ではないので、部外者には判断がつかない。秋の本大会のように採点表も公開されず、審査員による選考理由の説明もないので、どうして落ちたのかわけがわからず、苦しむコンテスタントは多い。顔の見えない否定は、ときにピアノをやめようかとも考えるほどのショックを与えるものだ。

予備予選から本大会まではきれいに半分ずつ振るい落としていくが、応募者が多いため、事前審査で一挙に三分の一弱に減らしてしまう。ショパン・コンクールの最大の難関は、もしかするとクローズドでおこなわれる書類・DVD審査かもしれない。二〇一五年は前回のアヴデーエワのような申し立てはなかったが、私は、少なくとも何人かの実力ある内外コンテスタントが選に漏れたことを知っている。

コンクール後のインタビューで「今回の審査で何が一番難しかったですか？」ときかれた審査委員長のポポヴァ＝ズィドロンは、「2月に行ったDVD予備審査でしょう」と答えている。「それぞれの録画のクオリティが違いすぎて判断が難しかったので、次回は各地のライブオーディションにしようかという話も出ています」（『ショパン』二〇一五年一二月号）

たしかに動画はあまりにも条件が違う。先にも述べたように専門業者に依頼した人、音大など教育機関で撮影してもらった人、個人的にホームヴィデオで撮影した人……。

しかし、もしこれが映画の配役やタレント・オーディションであるなら、まさか駅前のスピード写真で撮ったショットを送る人はいないだろう。セレクションに臨むわけだから、ある程度お金と時間と労力をかけたDVDを用意するのはむしろ当然とも言える。次回のショパン・コンクールをめざす人は、とにかく質のよいDVD制作を心がけてほしい。

3 練習曲《エチュード》がポイント

第一七回の予備予選は、二〇一五年四月一三日から二四日まで開かれた。会場は「ワルシャワ・フィルハーモニー」の室内楽ホール。大ホールの裏手にある三七〇席ほどのスペースである。ワインレッドの座席は座り心地がよく、暖かい感じがする。ステージにはヤマハとスタインウェイの二台のピアノが置かれていて、選択できるようになっている。

予備予選の模様は世界中に配信されるので、客席の左手にカメラが二台、舞台の上手《かみて》にも一台。審査員席は前から七列目で、それぞれの机にライトがついているのでそれとわかる（コンテスタントたちによれば、ステージに出ていったとたん審査員がずらりと一列に並んでいるのが見えるので、緊張感がいや増したとのこと。また、正面のカメラが目にはいってしまい、弾きにくかったという人もいた)。

審査委員長はポーランドのポポヴァ＝ズィドロン。二〇〇五年の優勝者ラファウ・ブレハッチの先生だ。以下、ポーランドからはヤシンスキ、ピオトル・パレチニ、エヴァ・ポブウォッカなど六名。ロシアからはディーナ・ヨッフェ、アンナ・マリコヴァの二名。日本の海老彰子とフランスのイヴ・アンリ他、イタリア、ブルガリア、チェコからも各一名が審査にあたった。

予備予選会場の室内楽ホール

出場者は書類・DVD審査を通過した一五八名（うち棄権六名）。抽選によってファミリーネームの最初の文字を決め、基本的にアルファベット順で演奏する。予備予選はDからの開始だった。午前のラウンドは一〇時に始まり、四名聴いたところで休憩。さらに三名聴いて遅い昼休みになる。午後は一七時開始。基本的に午前と同じように休憩をはさんで四名、三名と演奏する。一九日の午前中だけは休みだったが、あとはきっちり審査がつづく。

演奏前に司会者が英語とポーランド語でコンテスタントの名前と演奏曲目をアナウンスする。それぞれのカテゴリーから一曲ずつ選択した練習曲《エチュード》三曲とマズルカ一曲、バラード、スケルツォ、『舟歌』、『幻想曲』など一〇分程度。

ステージで実際に演奏を聴いた感想は、動画だけで出場者を選ぶ難しさだった。たとえば練習曲《エチュード》。ミスがあったとして、その場で起きたアクシデントによるものと、本質的に弾けていない場合とでは、専門家が聴けばだいたいわかる。後者のケースを耳にするたびに、自分が申し込みを知っている優秀なピアニストたちに思いをはせた。

予備予選特有の困難さもある。DVD審査でも秋の本大会でも二曲しか弾かない練習曲《エチュード》を、予備予選では三曲用意しなければならないのだ。

まず、体操でいうならF難度ともいうべき三曲から一曲を選択する。半音階で指がよじれそうになる『作品一〇‐二』は関節のしなやかさ、三度をすばやく動かす『作品二五‐六』は各指の分離が必要不可欠。この二曲はほとんど弱音だが、「木枯らし」こと『作品二五‐一一』はフォルテが多い上に長いので、指先のバネと広い音域をつかみとる筋肉が必要になってくる。

さらに、次のグループから一曲ずつ。『作品一〇』からは『一番』、『四番』、「黒鍵《こっけん》」こと『五番』、『八番』、「革命」こと『一二番』。メカニックの精度を見る練習曲と言えるだろう。難易度は、広い音域のアルペッジョがつづく『作品一〇‐一』が一番高い。ついで、両手の常動曲『四番』、右手が複雑な動きをする『八番』、左手のためのエチュードである「革命」。

もうひとつのグループは、より音楽的な練習曲《エチュード》。ともに和音がすばやく交替する『作品一〇‐七』と『作品一〇‐一〇』はアーティキュレーションに創意工夫が求められるし、ハープのようにかき鳴らす『作品一〇‐一一』は美しい響きがポイント。手が左右にすばやくとびかう『作品二五‐四』や和音がギターのように装飾される『作品二五‐五』はフレージングにさまざまな選択肢がある。『作品二五‐一〇』は八音隔てた同じ音による「オクターヴ」のエチュード。力業の練習曲であるとともに中間部での歌謡性がきかせどころ。

それぞれのグループから自分の資質に合った曲を選択し、手のスタミナ配分を計算し、三曲のレヴェルを揃える必要がある。

それでも、ショパン・コンクールなのだから練習曲《エチュード》ぐらいは皆完璧に弾くのだろうと思っていたが、腕達者で知られるロシア、中国、韓国のコンテスタントでも意外にほころびが目立つのには驚いた。編集はできないが撮り直しはできるDVDと、緊張を強いられる一発勝負の実演では状況が違うのかもしれないが、それにしても……。最難曲ではない『作品一〇‐四』でも右手はもつれ、左手はダンゴになったり、「黒鍵」のラストが登りきれなかったり、『作品一〇‐一一』で一瞬左手がなくなってしまったりする〝事故〟を目撃し、今自分がいるのは本当にショパン・コンクールの会場なのかと耳を疑ったときもあった。

予備予選の審査にあたったイヴ・アンリが、『作品一〇‐一』と『作品一〇‐二』というもっとも難しい組み合わせを完璧に弾いたのはロシアのドミトリ・シシキン一人だったと言っていたが、たしかにそうかもしれない。前者は手を大きく開くし、後者は逆に縮める。その切り換えが難しく、とくに二番の展開部で破綻《はたん》が起きやすい。『作品一〇 - 一』と『作品一〇 - 二』を弾いたコンテスタントは一〇名。テクニックに自信のある人が選択するためだろう、うち七名は予備予選に合格していた。

客席で聴いていてやや苦痛に感じたのは『作品二五 - 一〇』の「オクターヴ」と「木枯らし」の取り合わせ。「オクターヴ」の練習曲《エチュード》では、楽譜にレガート（なめらかに）と書いてあるのにスタッカート（音を切る）で移動させるコンテスタントが多かった。「木枯らし」も無理強いが多く、勢い余って弦を切ってしまうコンテスタントが三人もいた。この組み合わせでは一六名中六名しか合格しなかった上に、そのうちの一人韓国のジョン・ムンは、その後ブゾーニ・コンクールで優勝（二〇一五年九月）したために棄権してしまった。

実に四三名が弾いた「三度」こと『作品二五 - 六』も、ピアノ教師の耳で聴くと、きちんと弾けていたのは一二〜一三名だろうか。三度がずれたり、上行から下行で切り返しそこねたり、両手で下降する箇所《かしょ》で左が遅れるケースが目立った。この練習曲《エチュード》は、右手一本でおりてくるスケールが難関で、何人ものコンテスタントが失敗したが、この部分を両手で弾いた人が複数名いた。審査員席はステージの真正面で非常によく見えるため、ロビーに出てきた海老彰子が「あそこを両手で……」と絶句していたものだ。

4　個性的なピアニストたち

練習曲《エチュード》は期待したほど完璧ではなかったものの、音楽的にはおもしろい演奏が多く、個性的なコンテスタントのパフォーマンスを大いに楽しんだ。

個性派ベスト一は、中国のジー・チャオ・ユリアン・ジア。ドイツ・ハノーファー音楽大学で、アリエ・ヴァルディに師事しているとのこと。アナウンスでMr.と紹介されて出てきた姿を見て、一瞬、間違いか？　と思ってしまった。細身の長髪、縁に刺繍《ししゅう》のあるベージュのトップスに黒の太めパンツ。ぽっくりのような厚底靴。どことなくアンガールズの山根《やまね》良顕《よしあき》に似ている。

ジー・チャオ・ユリアン・ジア

演奏は男性にしてはしなやか、女性にしては力強いといったところか。没入型ながら客観性もあり、感興のおもむくまま弾いているようで起承転結はきちっとおさえている。『マズルカ作品五〇 - 一』『ノクターン作品九-三』『練習曲《エチュード》作品一〇-二』まで、プログラムの流れも考えた巧みな奏出で、沈黙の間に空気を変えるあたり、感心した。この人はショパン・コンクールは二回目の挑戦で、前回は白いタキシードを着て出てきたそうだ。

ベスト二はフランスから参加したオロフ・ハンセン。こちらは事務員さんのようなセーター姿で、グレン・グールドのように背中をまるめ、ひじをぶらさげて弾く。パリのエコール・ノルマル音楽院で、私が評伝を書いたアンリ・バルダに師事しており、『バラード第四番』の解釈がバルダそっくりで苦笑い。みなが嚙《か》みつきそうに弾く「木枯らし」も、左手のメロディに沿って右手のパッセージに表情をつけ、いったんフェードアウトしてから強めたり、音楽的な処理がおもしろい。『マズルカ作品三〇-四』は、モンマルトルの酒場で即興で爪弾《つまび》いているようなうらぶれ感がたまらなかった。

あまりにひっそりと弾き終えたので、誰も拍手しない。本人もしばらくまだ弾くような気配を漂わせつつ、おもむろに立ち上がってすまなさそうにお辞儀して立ち去る。それから長く拍手がつづいたが、ついにあらわれなかった。

個性的な演奏ベスト三は、ハンガリーのイヴェット・ジョンジョーシ。リスト・アカデミーでカルマン・ドラフィに師事している。一九九三年四月生まれというからまだ二二歳になったばかりだが、大人っぽい雰囲気を漂わせ、黒レースの膝丈《ひざたけ》ドレスであらわれた。黒髪をアルゲリッチのようにだらんと垂らし、お辞儀をしたあとかきあげるしぐさもアルゲリッチそっくり。

ローランド・ノエルジャディ（左）とイヴェット・ジョンジョーシ

『舟歌』の左手は風に吹かれたようで、右手も伸縮自在。右手の人指し指と親指の動きが独特で、対位法的な部分はとても雄弁だった。練習曲《エチュード》になるとやや技術的な乱れがみえる。ラストの「オクターヴ」もかなり粗い演奏になったが、お辞儀のあとはまた髪をかきあげ、婉然《えんぜん》とほほえみながら、V字にあいたレースの背中を美しく見せつつ退場した。

次は、個性派というよりは変わり種。インドネシアから参加したローランド・ノエルジャディは、プロフィールを見ると、なんと一二歳でピアノを始めたとある。本当なんだろうか（ちなみに、日本の小野田有紗《おのだありさ》は二歳で始めたと書かれている）。

冒頭の『マズルカ作品一七‐四』からして、惹《ひ》きつけられた。なんだか、エルヴィス・プレスリーがギターを爪弾きながら、ガールフレンドに向かって歌っているような雰囲気なのだ。つづく

『練習曲《エチュード》作品一〇‐一一』にも耳をあらわれる思いがした。ピアノをかき鳴らす響きが美しく、分散和音で紡ぐ〝詩〟といった風情。「革命」もとても音楽的で、感情の推移とテンポ・ルバート（テンポをのびちぢみさせる奏法）、ニュアンスの変化がぴったり合致している。『ノクターン作品二七‐一』もよく伸びる音で余韻嫋々《じょうじょう》と歌われる。ルックスは「ちょっと太めの高橋《たかはし》克典《かつのり》風」（命名は下田幸二）で、こんなノクターンをそばで弾かれたら、女性はノックアウトされてしまいそうだ。

「マイ椅子《いす》」を持ってきたのはラトヴィアのゲオルギス・オソキンス。演奏は往年のピーター・ゼルキンのようで、瞑想《めいそう》系のノクターン、気だるいマズルカと弾きすすみ、三つの練習曲《エチュード》は名人芸をひねった形で披露していた。とりわけ「木枯らし」は、他のコンテスタントが間違えずに弾くだけで必死なところを、左手の親指をメロディ化したり、右手の内声《ないせい》を強調してみたり、印象派のように響きに溶かしてみたり、いろいろ遊んだあげく最後だけガーッと突進して終わった。

オソキンスの前に登場した小野田有紗も、他のコンテスタントとは違う赤い椅子が、光沢のある白いドレスに映え、シャープなピアニズムとあいまって印象的だった。この椅子はホールにそなえつけられているもので、通常の椅子よりは低いという。とくに申し出がないかぎり、ヤマハには油圧式の椅子、スタインウェイにはチェスト式の椅子がつくようだが、ピアニストは椅子の高さや座り心地にとても敏感だ。パフォーマンスをよりよいものにするために、マイ椅子を持参するコンテスタントが増えるかもしれない。

5 アジア系が多かった予備予選

書類・DVD審査の結果が発表された時点で、中国は二六名、日本は二五名、韓国は二四名ときれいに数字が揃った。全合格者一五八名のうち、ほぼ半数の七五名を占めたことになる。アメリカからの参加者九名のうち七名もアジア系なので、文字どおりアジアのショパン・コンクールとなった（その割に、中国、韓国から一人も審査員がいないのは不思議だ）。演奏はアルファベット順なので、ラウンドによってはアジア系がつづくことになる。

スケジュールの関係からか初日に弾いたジョージ・リーはすばらしかった。ボストン生まれの中国系アメリカ人。インスピレーション豊かなピアニストで、バックビート感が心地よい練習曲《エチュード》『作品一〇‐四』、ファンタジー溢《あふ》れる『作品二五‐五』、半音階が見事に鳴り、瞬間にハーモニーが聞こえてくる『作品一〇‐二』。テンポを大きく揺らすも、内側から沸き出る音楽で少しも違和感がないマズルカ。霊感に満ちた『スケルツォ第二番』など堪能《たんのう》した。この人はチャイコフスキー・コンクールで第二位に入賞（二〇一五年六〜七月）したため、秋の本大会は棄権してしまった。

審査員のユンディ・リと同じく深圳《しんせん》出身のニンユエン・リーも予備予選は合格したのに秋は棄権で、もう一人のイーハオ・リーは練習曲《エチュード》が力まかせでミスが多く、結局リーは誰も本大会に出場しなかった。

ケイト・リウは中国系アメリカ人。手首に細いブレスレットを巻いていて、瞑想系。宇宙と交信しているようなピアノだ。『作品一〇‐二』はきれいに粒が揃い、左手の合いの手のタイミングがよかった。『作品二五‐四』もよく弾けているが、強拍と弱拍が並列しているので躍動感がない。「黒鍵」も流れに乗って粒を揃えて弾いているが、やや一本調子の感があった。

ワルシャワで勉強している中国のシン・ルオは目が不自由なコンテスタント。ピアノの前には付き添いが連れてくるが、椅子を直すところまで面倒をみたほうがよかったように思う。彼が座ったのは油圧式の椅子で、何度か試みるもレバーでの操作がうまくいかず、高すぎる椅子のまま弾きはじめてしまった。練習曲《エチュード》のうち「三度」は明らかに鍵盤が遠すぎて指が吸いつかない。「オクターヴ」も内声部がきちんとはいらない。この人はとても音楽的で、『ノクターン作品二七‐二』の弱音はすこぶる美しかったし、声部の呼びあいは感動的だったが、椅子のためか目が不自由なためか、位置移動に時間がかかるので、ぎこちなく、拙《つたな》い印象を与えるのは致し方ないところだろう。

中国で好きだったのは、チャオ・ワン、チェン・チャン、チー・コンの三名。

チャオ・ワンは、二〇〇六年三月の高松国際コンクールで第三位にはいっている。『バラード第三番』には浮遊感、マズルカには躍動感があり、ノクターンも夢のように美しかった。「三度」の練習曲《エチュード》も指のバネをきかせてクリアだったし、「黒鍵」もキラキラ輝く右手、雄弁な左手で聴かせたが、なぜか最後の音を派手にミスしたのはご愛嬌《あいきょう》。

チー・コンは爽《さわ》やか系のピアノ。マズルカは肩の力を抜き、ギターを爪弾くような弾き方が洒脱《しゃだつ》。リズムを崩したあとにフォローする左手が自在だ。そのマズルカの響きのなかから『練習曲《エチュード》作品一〇－八』のトリルを弾きはじめた。『ノクターン作品五五－二』は息が長く、音に甘さがあり、二本の線がからむあたりが魅力的。そのノクターンの響きのなかから『バラード第四番』のイントロ（導入部）が紡ぎだされる。

チェン・チャンはクララ・ハスキル・コンクール（二〇一三年九月）で優勝し、聴衆賞も獲得しているプロ中のプロだ。コンクールではなくコンサートのようなステージで、審査員も含めた客席を魅了して、疲れをすっかり取り去ってくれた。

『マズルカ作品五六－三』でまず魅せられた。オペラのワンシーンのように、密《ひそ》やかな情景からだんだん活気を帯びていく様子を活《い》き活《い》きと描き出す。つづく『幻想曲』も内省的で深い演奏だった。アジタートのシンコペーションのうねりからして、この人にとっては技術が音楽に奉仕していることがわかる。コラール部分は敬虔《けいけん》な祈りを捧《ささ》げているよう。スケールが大きく密度が濃く、聴きごたえのある『幻想曲』だった。

『ノクターン作品六二－一』も行間の表現がすばらしく、トリルはベートーヴェンの後期ソナタのような内面性を感じさせる。疲れが心配された三つの練習曲《エチュード》でも集中は途切れることなく、作品本来の美しさを聞かせてくれた。予備予選の段階では優勝候補と思わせた。

6　一一七勝三一敗

予備予選の結果は四月二五日午前中に発表された。事前審査に合格した一五八名のうち、欠席が六名だから出場者は一五二名。私が聴けなかったのが四名。一四八名のうち、予想がはずれたのが三一名だった。

ロシアは三五名が申し込んで書類・DVDで一一名が残り、七名が秋のコンクールに参加することになったが、予想ははずれなかった。そのくらい、力の差ははっきりしていた。

モスクワのグネーシン音楽院に学ぶカザコフは、『練習曲《エチュード》作品一〇‐四』で左手が遅れて右手のきざみに間に合わないという現象。音大の試験ならともかく、まさかショパン・コンクールで目撃するとは思わなかった。『幻想曲』では暗譜を忘れて弾き直すシーンもあった。モスクワ音楽院在学中のシコルスカヤもどこかおかしかった。『練習曲《エチュード》作品二五‐五』の中間部で一瞬メモリーミスがあった。『バラード第四番』でも弾き直しがあり、その他は巧みに演奏しているのに、突然の乱れが不思議だった。

合格組は、ガリーナとイリーナのチスティアコーヴァ姉妹。派手さはないものの安定した実力の持ち主で、予備予選突破は当然だろう。

ロマン・マルティノフは、彼を含めて五名しか合格しなかった一六日の一三名のなかで——予備予選の時点では——格違いのピアニストのように感じられた。とにかくペダリングがうまい。バスをボーンと鳴らして倍音を出し、伴奏の上にメロディをそっと乗せると、かすかな音でも驚くほど自然なふくらみができる。『練習曲《エチュード》作品一〇‐二』も足の先をちょっとペダルに乗せたまま軽く指を動かし、銀色の不思議な響きを醸し出す。

アルセニー・タラソヴィチ＝ニコラーエフは一九九三年二月モスクワ生まれの二二歳。バッハを得意とした名ピアニスト、タチアナ・ニコラーエワの孫息子にあたるという。超然とステージにあらわれ、鬱勃《うつぼつ》たる感情をこめて『ノクターン作品二七‐一』を弾く。『練習曲《エチュード》作品一〇‐一』『作品二五‐五』「木枯らし」は圧倒的な弾け感。『バラード第二番』のコーダでは楽器がザクザク鳴って鳥肌が立った。

やはり合格組のウラディーミル・マトゥセヴィッチは手が柔らかそうで練習曲《エチュード》など楽々弾いていたが、『スケルツォ第一番』では少し粗くなってしまった。この人はなぜか秋の大会を棄権したので、ロシアは総勢六名の出場となった。

ポーランドは五六名中二三名がＤＶＤ審査に受かり、予備予選で一二名が残った。このなかで、はいると思った人が二名落ちて、はいると思わなかった人が四名はいった。はずれた理由は練習曲《エチュード》。ショパン・コンクールを熟知している音楽評論家の下田幸二から、予備予選は単純明快で、弾けなければ落ちる、ときいていたのだが、実際には、ポーランド人の場合、テクニック的に難があっても、ノクターンやマズルカ、バラードやスケルツォがよければ合格する傾向がみられた。

ピオトル・ノヴァクは、ビドゴシチ音楽学校で今回の審査委員長ポポヴァ＝ズィドロンに師事している。弾けていない上に楽器が鳴っていない「オクターヴ」の練習曲《エチュード》をはじめ、「革命」、「木枯らし」と拙さが目立ったが、『スケルツォ第三番』はよい演奏だった。

やはりビドゴシチ音楽学校に学ぶシモン・ネーリングの練習曲《エチュード》も傷が多い。『作品一〇－八』はテンポが速すぎてコントロールできず、「三度」や「オクターヴ」でも破綻が起きた。『幻想曲』はとてもよい演奏だったが、コラール部分の左手で暗譜が乱れた。二〇一〇年の予備予選でも、最終的に第二位に入賞したルーカス・ゲニューシャスが、やはり『幻想曲』で一瞬暗譜を忘れたが、他があまりにもすばらしいので誰もそんなことは気にもとめなかったという。しかし、ネーリングはそこまでの演奏でもなかったように思う。

あとの二名はおそらく年齢を考慮されたのだろう。

アダム・ミコワイ・ゴジジェフスキは一九九六年生まれの一八歳。ポーランド期待の星のようで、聴衆が盛大な拍手を送る。『練習曲《エチュード》作品二五－七』など非常に音楽的な演奏だったが、『作品一〇－四』や「三度」があまり弾けていなかったし、『スケルツォ第一番』でもルバートが過剰で、しばしばテキストのリズムをゆがめるのが気になった。

最後に登場したズザンナ・ピエチシャクは九七年生まれの一七歳。『マズルカ作品五九‐三』は溌剌《はつらつ》と、『スケルツォ四番』は繊細に弾いていた。しかし、『練習曲《エチュード》作品一〇‐四』は左手が遅れ、右手はもつれ気味。コーダで右手の最初の音だけを叩《たた》くのも気になった。「オクターヴ」も内声を強調して弾くが、フレージングが適切ではないので違和感があった。

7　私好みのコンテスタントたち

首尾よく予備予選を通過したなかで、私がとてもステキだと思ったコンテスタントを、少しだけ紹介しよう。あくまでも私好みで、かなり偏っている。たとえば、韓国のチョ・ソンジン（本来は「ソンジン・チョ」だが、日本の慣例で記す）やチホ・ハン、ジョン・ムン、日本の小《こ》林愛実《ばやしあいみ》については、圧倒的な実力は認めるものの、ショパンの演奏という点でどこか違和感が残った。

日本の古海行子《ふるみやすこ》は、プログラムには一九八八年生まれと書かれているのだが、実際には九八年生まれの一七歳。マズルカや『練習曲《エチュード》作品一〇‐六』はまだ幼い感じがしたが、『作品一〇‐二』は粒立ちのよい清潔なピアノ、「黒鍵」も輝かしく、『作品一〇‐七』も右手はしっかり重音をつかみ、左手はリズムに乗って心地よく聴けた。『幻想曲』は真正面からのアプローチで、テキストをきちっと読み、息の長い音楽をやっていた。

木村友梨香《きむらゆりか》はピアノの歌わせ方がうまくて、いろいろな感情のうつろいがそのまま音になる。イントロから美しく、速いパッセージも音が歌っていた「木枯らし」の練習曲《エチュード》、いろいろな要素をきちんと盛り込み、局面によって景色を変えた「黒鍵」。とりわけ『ノクターン作品六二-一』は、かすかな音から始まって少しずつ光を増していくトリル、ひとつひとつの音に魂をこめたラストなどすばらしかった。

チェコから参加したマレク・コジャックは技術的にもすぐれているが、品位のある演奏をする。マズルカはまるでチェコの民謡のように素朴な雰囲気を漂わせていた。『練習曲《エチュード》作品一〇-一』、『作品一〇-二』もとくに努力している感じではないのだが、腕をぶらさげて指を変えただけで弾けてしまう。『スケルツォ第四番』は指さばきが軽やかでしゃれている。

パリ留学中の丸山凪乃《まるやまなぎの》は一九九九年九月生まれの一五歳！　しかし、音楽はとても成熟している。『練習曲《エチュード》作品二五-五』は気持ちのよい音で軽やかに弾かれた。『作品一〇-八』も左手のリズムのはずみが心地よい。「三度」も音に輝きがあり、左手はポエティック。ノーペダルの使い方も効果的だ。マズルカも若いのに成熟していて、音の翳《かげ》りと表情の変化、リズムの遊びも適切だった。『ノクターン作品四八-一』も、音楽が激しても決してヒステリックにならず、音も濁らず、常に余裕がある。『スケルツォ第三番』は圧倒的な迫力はないものの、よい響きと息の長い音楽で弾ききった。

三重野奈緒《みえのなお》もとてもよいステージだったと思う。『ノクターン作品二七‐二』は魅力的に歌い、『練習曲《エチュード》作品一〇‐八』は指先がしっかりしてリズムに乗っている。『作品一〇‐二』も幻想味はないが音の粒がよく揃っている。『作品二五‐五』も左手と右手のバランスがよく、クレバーなアプローチ。『スケルツォ第四番』はキレのよいスタッカート、巧みな指さばきで弾き、マズルカを等身大にまとめ、嬉《うれ》しそうに笑って下がった。

カナダのシャルル・リシャール＝アムランは髭面《ひげづら》でジョン・オグドンのよう。圧倒的な実力の持ち主で、『練習曲《エチュード》作品二五‐五』は軽くてきれい。あらためてこの曲は三拍子なのだと思った。「木枯らし」も、難しい部分ではニュアンスを絞るなど、大人の対応だ。マズルカも弱音の雄弁さを前面に出し、『バラード第三番』も同じミ♭から出る粋なすべりだしでチャーミングな演奏だった。

丸山凪乃

ワルシャワ留学中の竹田理琴乃《たけだりこの》はとてもセンシティヴなピアニスト。『ノクターン作品二七‐二』は柔らかい音で歌われ、伴奏はよく響きに溶けている。『練習曲《エチュード》作品一〇‐四』もよくリズムに乗って弾いている。ラストのオクターヴをフレージングする余裕があったのには感心した。「木枯らし」もヒステリックではなく、左手は歌い、右手はそれに乗る。左右に開くところをスタッカートで処理していたが、よいアイディアだ。マズルカも真に霊感に満ちた演奏。ニュアンスがきれいで、つくりものではないところがよい。『スケルツォ第四番』も跳ねるリズムが刻々と表情を変える。ラストの三度の軽やかだったこと！

二度目の挑戦になる野上真梨子《のがみまりこ》もよく練り上げたステージだった。ノクターンは明るい音で丁寧に歌う。『練習曲《エチュード》作品一〇-八』は躍動感があり、とても活き活きしていた。『作品一〇-一〇』は工夫を凝《こ》らしたアプローチに感心したし、「木枯らし」は速いテンポのなかで細かい音がよく鳴っている。マズルカもメリハリがきいてリズムのはずみが心地よい。『スケルツォ第三番』ではやや肩に力がはいったかもしれない。彼女は当日三八度以上の熱を出していたというが、そんなことはみじんも感じさせないのはさすが。

中国のズー・シューはワルシャワで審査委員長のポポヴァ゠ズィドロンに習っている。とてもテクニシャンで、『練習曲《エチュード》作品一〇-七』は反動を使わずにすべて指のバネで弾く。上げた手ですぐに『作品一〇-一』。やはり指のバネだけでノーミスで弾ききった。『作品一〇-二』も軽いタッチでクリアに、内声も出しながら弾いてしまう。マズルカはリズムの跳ね方がうまく、ヴァリアントが魅力的。『舟歌』は内省的なアプローチで繊細さもあり、好ましい演奏だった。

イタリアのルイジ・カロッチアは髭面で大工さんのよう。演奏は見事にイタリア人だった。『舟歌』はベルカントな音で歌われる。ゴンドラのしなやかなリズム、甘いささやきのような三度。テンポの揺らし方が自在だ。ノクターンも明るく澄んだ音で、陰るところもやっぱり明るくて、だから余計に哀《かな》しい。トリルもオペラ歌手のように伸縮自在。マズルカは怪奇な出だし、哀愁《あいしゅう》に満ちたメロディ。最後の転調はアリスのウサギ穴のようだった。「オクターヴ」の練習曲《エチュード》もアルトゥーロ・ベネデッティ＝ミケランジェリのように共鳴しきったオクターヴで、トップをくっきりと歌う。「木枯らし」と「革命」は少し乱れたが、無事通過してほっとした。

8　八八－二五－一一の現実

日本人コンテスタントは八八名が応募したがDVD審査で二五名になり、予備予選でさらに一一名に絞られた。ここに浜松国際コンクール第二位（二〇一二年）の中桐望《なかぎりのぞみ》が加わって一二名が秋の本大会に臨む（主催者が指定するコンクールの第二位までは予備予選が免除される）。裏を返せば、六三名は予備予選にすら進めず、一四名もコンクールの出場者名簿にすら載らないことになる。日本人コンテスタントのレヴェルは揃っているので、おそらくほんの少しのことでがらっと入れ替わっていた可能性もあるだろう。

二〇一〇年のときは一七名が予備予選に合格したが、本大会の第二次予選で全員が敗退してしまった。審査にあたった小山実稚恵《こやまみちえ》は、日本人の場合は息の長いフレーズをつくる人が評価されたが、欧米人は逆に、あまり自由すぎる演奏は嫌われる傾向にあったと総括している。今回はどうなのだろう。審査終了後、秋のコンクールで審査をつとめるヤヌシュ・オレイニチャクに話をきいたところ、練習曲《エチュード》の精密さよりはマズルカやノクターン、バラード／スケルツォなどの解釈が重要視されると言っていた。

そうなのだろうか。でも、ミュンヘン留学中の五味田恵理子《ごみたえりこ》は『ノクターン作品五五-二』がすばらしかったのだ！　マズルカも場面転換が巧みだった。それに比して練習曲《エチュード》や幻想曲はやや粗かったかもしれない。

プログラムではフランスからの参加（事務局の誤りらしい）となっていた深見《ふかみ》まどかは二回目の挑戦。センスのよいピアノで、『ノクターン作品六二-二』はふとした翳りが魅力。「黒鍵」はチャーミングだったし、『練習曲《エチュード》作品一〇-一〇』も柔らかな響きのなかでさまざまな工夫を凝らしている。『バラード第四番』も美しいフレージングできかせた（彼女は、その後〔二〇一五年一〇月〕ロン＝ティボー国際コンクールで第五位に入賞した）。

上原琢矢《かんばらたくや》は日本ショパン協会のコンクールで本選まで残った長崎の高校生。『ノクターン作品九-三』は初々しいポエジーが魅力だったし、マズルカはけれん味のない演奏、『バラード第四番』でも悠揚《ゆうよう》迫らざる音楽をやっていた。『練習曲《エチュード》作品一〇-一』や「三度」のわずかなミスがたたったのだろうか。

上野学園大学の小林海都《こばやしかいと》も息の長い音楽づくりで好感をもった。『ノクターン作品六二－二』、『バラード第四番』と自然な流れのなかで歌いついでいく。あまりに楽々と弾くのでインパクトに欠けるとみられたのだろうか。

永野光太郎《ながのこうたろう》は三回目の挑戦で、前回は第二次予選まで進んだ。『ノクターン作品二七－二』では、楽譜にないオリジナルの装飾音を加えて弾き、おそらく審査員の間で物議を醸したことだろう。ショパンの装飾音はベルカントの歌唱法がルーツで、彼自身が毎回違ったふうに弾いたというから、勇気ある試みというべきか。

東京藝術大学在学中のリード希亜奈《きあな》も、同じノクターンで息の長い音楽をきかせてくれた。独特なリズム感と感性の持ち主で、マズルカはスリリングだったが、『スケルツォ第一番』はやや粗かったかもしれない。

しかし、もっと粗かった中国のティアン・ルーは予備予選を通過しているし、ハンディはあるにせよ拙かった中国のシン・ルオ、マズルカはすばらしかったが練習曲《エチュード》でミスが多かったルーマニアのサンドリン、人気先行のゴジジェフスキ（ポーランド）、練習曲《エチュード》が弾けていなかったノヴァク（同）、『幻想曲』で暗譜が飛んだネーリング（同）も秋の本大会に出場を決めているのである。

何が勝敗を分けたのか。結局明確な図式を描けないままだった。

9　フランス人審査員の目

帰国後の五月、折から来日中のイヴ・アンリに話をきいた。ワルシャワ滞在中に海老彰子に紹介され、差し支えない範囲で審査のことなどききたいと申し入れたところ、快く承諾してくれたのである。

イヴ・アンリはピアノをピエール・サンカンとアルド・チッコリーニに学び、室内楽、伴奏法、合唱指揮法、和声法など七科で一等賞を得たという、フランス語でいう「ミュージシャン・コンプレート」（完全な音楽家）で、パリ音楽院ではピアノではなく作曲法を教えている。二〇一一年にはノアン（フランス）のショパン音楽祭の音楽監督に就任した。

二週間にわたる予備予選の審査はなかなか大変だったようで、二時間ぶっつづけで聴いたあとで二〇分程度の休みしかなく、終了は二一時だから、食事がとんでもなく遅くなる、と嘆いていた。ホテルの各部屋にはヤマハが運んだ電子楽器がそなえつけられていて、深夜にヘッドフォンをつけて練習していたそうだ。

まず、ポーランド人がこだわるマズルカについては、なんだか解釈がややこしくなってしまっているという印象をもったようだ。あまりにフレーズやリズムに意味を求めすぎるので、流れが悪くなる。ポーランド人コンテスタントの解釈はさぞやすばらしいのだろうと思ったら、必ずしもそうでもなかった。また、マズルカなら何を弾いてもよいので、ほんの二～三分で終わってしまうコンパクトなマズルカと、延々とつづくマズルカを比べるのは難しかったとも言っていた。

いっぽうで、予備予選に課せられる練習曲《エチュード》三曲は多すぎる、二曲で十分ではないかと指摘する。三曲の指定方法にも問題があるとのこと。現在のように『作品一〇‐二』、「三度」、「木枯らし」のなかから一曲弾かなければならないとなると、どうしても「木枯らし」が多くなる。多くのコンテスタントが左手のファンファーレのリズムを複付点で弾いているが、楽譜にはシングルの付点しか書いていないので、毎回イライラしたそうだ。

ショパン・コンクールであるからには、練習曲は手にはいっているのだろうと思ったら、意外にミスが目立って驚いたという感想には膝を打った。練習曲《エチュード》は、もちろんすべてではないが、基本なので、クリアするのが当たり前だと思うが、精度は低かったとのこと。

話題の韓国ピアニストたちは、たしかに高い実力を誇っているが、ショパン演奏ということになるとやや繊細さに欠けるのではないかと思ったそうだ。いっぽうで、秋のコンクール出場者は八〇人となっているところ、六〇人しか残すべきではないと主張する審査員にも異議をとなえていた。

何人かの審査員は、自分がパフォーマーやコンテスタントだったころを忘れて、細かい点について厳しすぎる判断をくだす傾向がみられたという。これに対してイヴ・アンリは、春は第一段階で、秋に向けてどれだけ勉強してきてくれるか、可能性が感じられるコンテスタントは残すべきではないかと提案したそうだ。そんなアンリが厳しい見方をしたのは、指先に頼って機械的に弾くコンテスタントだった。技術を表現に役立てる方向に使わないなら、秋まで待っても何も変わらない、と。

ヤマハ、スタインウェイのピアノについては、二台ともよい楽器だったが、選定するほうは大変だったろうとも言っていた。フランス人コンテスタントの一人が、たった一五分の間に両方を試し、ある曲にはこちらが合うし、別の曲にはこちらが……とやっていたら、混乱してわけがわからなくなったと告白していたそうだ。

詳しいことはメモをみなければわからないと言いつつ、印象に残ったコンテスタントの演奏については、詳しく感想を述べる。一番のお気に入りはギリシャ＝ベネズエラのアレクシア・ムーサ。一〇センチのピンヒールに縮れ髪のおだんご頭で、エキゾティックなマズルカ、稲妻のような『練習曲《エチュード》作品一〇‐四』で聞き手の度肝を抜いた。エネルギッシュで自在な演奏をするイヴ・アンリの好みもこのあたりらしい。

ロシア人のチスティアコーヴァ姉妹については、二人の資質がまったく違い、姉のガリーナはアカデミックで高踏的、妹のイリーナは抒情《じょじょう》的でセンシティヴだったが、二人ともレヴェルが高かったとのこと。

私が意外に思った中国のシン・ルオの合格についても感想をきいた。目が不自由なので手がすばやく飛ぶところでも鍵盤を手さぐりする、そのぶんリズムが遅れるという困った点はあったが、とても音楽的だったので秋にもう一度聴きたいと思ったとのこと。

今回、年齢を引き下げたので一五〜一六歳のコンテスタントが多く出場したが、これには懐疑的で、しきりにまだ早いと言っていた。その裏には、早期教育で知られるパリ音楽院の弊害、息の長い活動をつづけた恩師チッコリーニへの想いもあるにちがいない。

カナダのリシャール＝アムランは顔写真は細いのに身体はふくよかで、ギャップにびっくりしたとか、中国のジー・チャオ・ユリアン・ジアが出てきたときは、Mr.というアナウンスが間違いではないかとあわててプログラムを見た、というあたりは客席と一緒だったので大笑い。

コラム　キョーフのハンカチ投げ捨て男

予備予選で聴いた韓国のジニョン・パクは、演奏はすばらしかったのだが、ステージマナーでちょっとびっくりした。普通はピアノの上に置くハンカチを床に落とすのである。

情熱的な『ノクターン嬰《えい》ハ短調』を演奏したあと、身をかがめて床からハンカチを拾い、手を拭《ふ》く。ついで、右手がキラキラ輝く「木枯らし」、とてもチャーミングな『作品一〇‐一〇』、かっこいい『作品一〇‐一』と三つの練習曲《エチュード》を完璧に演奏し、今度は床から拾いあげたハンカチで額の汗を拭く。再び投げ捨てて哀愁に満ちたマズルカを演奏したあと、今度はそのハンカチで鍵盤を拭いていた……。

予備予選で落ちてしまったが、ポーランドのドンベクも変わったハンカチの置き方だ。この人は、長い髪に花を飾り、短いレースのワンピースでラファエロ前派の絵から抜け出してきたみたい。最初のうちは鍵盤の左横、木の上にハンカチを置いている。真っ白なので視界にはいって弾きにくいだろうと思っていたら、案の定「木枯らし」のあとで椅子の上に置き直していた。今度は落ちないかと気になったのだが。

やはり予備予選のときから気になっていたのは、イタリアのカロッチアの白いハンカチ。ピアノの上に置かず、ズボンのポケットから取り出して顔や手をぬぐい、またしまう。ときどきポケットからうまく取り出せなくて、というよりポケットそのものが見つからないらしく、しきりにズボンの上をなでている。

うまくしまえなくて、演奏中にハンカチがポケットからのぞいていることもある。ベネデッティ＝ミケランジェリのように黒いハンカチにすれば目立たないのに。はたまた、ハンカチを取り出すかわりに手をポケットに突っ込んでそのまま拭いてしまったりする！　曲の間に手をポケットに入れてじっと休めているときもある。

なんだか、ハンカチ＋ポケットがうまく弾けるおまじないのように見えた。

第二章　ショパン・コンクールの歴史

1　一九二〇年代のショパン事情

秋の本大会のレポートを記す前に、ショパン・コンクールの特色について考えながら、発足当時から二〇一〇年までの大会を少し振り返ってみよう。

ショパン国際ピアノ・コンクールは、ショパンの作品だけによって競われるきわめて特殊なコンクールである。それぞれの楽器をよく弾きこなし、世界のマーケットで活躍していく演奏家を発掘するチャイコフスキー・コンクールと違って、ショパン・コンクールではまず「ショパン」が先にくる。どんなに腕達者でも音楽的才能があっても「ショパン」にふさわしい演奏でなければ勝つことは難しいのだ。

二〇一〇年に審査員をつとめたケヴィン・ケナー（一九九〇年最高位）は、審査委員長のヤシンスキが「これはショパンの音楽を専門とするコンクールですから、各参加者のショパン作品の演奏の能力に基づいて審査しなければなりません」とスピーチしたことを明かしている。

ショパン・コンクールが、ショパン高等音楽院教授イェジ・ジュラヴレフ（一八八七〜一九八〇）によって創設されたのは一九二七年のことである。ジュラヴレフはショパンの弟子カロル・ミクリ（一八一九〜九七）に習ったアレクサンドル・ミハウォフスキ（一八五一〜一九三八）の生徒だから、いわばショパンの曽孫弟子にあたる。

きっかけは——ほとんど冗談のようだが——サッカーだったらしい。かねてから若い音楽学生たちの無目的、無気力、無感動なことを憂えていた（いつの世も長老が若者を見る目は同じらしい）ジュラヴレフは、あるとき、サッカーの試合に熱狂している若者たちを見て、スポーツと同じようにピアノにも熱中してくれたらと切に願ったという。

一八一〇年、ワルシャワ近郊で生まれ、四九年にパリで死去したショパンは、今日でこそ世界的に愛される「ピアノの詩人」だが、一九二〇年代に彼の作品は「過度にロマンティックで危険なまでにセンチメンタルすぎる音楽」ととらえられていたという。

その背景には、二一歳でパリに出てきたショパンが、大会場での演奏活動を回避し、もっぱら上流階級のサロンで演奏し、貴族の子弟へのレッスンで生活の糧を得ていたことがあるだろう。同世代のヴィルトゥオーゾ（華々しい技巧で客席を沸かせる弾き手）であるフランツ・リスト（一八一一〜八六）が多くのピアニストを育てたのに対して、ショパンの門下生で指導者になったのは前述のミクリと、パリ音楽院で教鞭《きょうべん》をとったジョルジュ・マティアス（一八二六〜一九一〇）ぐらい。繊細でエレガントなショパンのスタイルは、プロフェッショナルな世界には広く伝播《でんぱ》しなかった。

ショパン演奏の難しさは、他ならぬ作曲者自身が一番感じていたことだろう。一八三三年六月、パリで知り合ったリストとチェリストのフランショームと三人でフランクフルト在住の作曲家に寄せ書きした手紙でショパンは、「わたしは自分でも何を言いたいのか解らぬままに筆を取っています。今こうしてリストがわたしのエチュードを演奏しているのを聴いていると、とても落ち着いた気持では居られないのです」(エーゲルディンゲル『弟子から見たショパン』)と冗談まじりに打ち明けている。

ポイントは二つある。大きくてがっしりした手の持ち主だったリストはどんな難曲も楽々と弾きこなしてしまったが、手が小さくて幅が狭く、指も細かったショパンには技巧の点でリストにかなわないところがあった。自分の練習曲《エチュード》ですら、自分より見事に弾くリストへの畏敬《いけい》の念はあったろう。

もうひとつは、当時の演奏習慣として、作曲家が書いた譜面どおりではなく、その場の感興でさまざまにアレンジを加えることが日常的におこなわれていた。しかし、自作が改竄《かいざん》されるのを嫌ったショパンは、どんなささいな変更もがまんがならず、リストですら例外ではなかったというから、どんなふうに弾かれるか気が気ではなかったにちがいない。

ショパンは、趣味でピアノを弾くレンツというロシア帝国参事官を指導していたことがある。レンツの回想記『パリのヴィルトゥオーゾたち』によれば、リストのレッスンも受けていた彼が「二オクターブにもわたる跳躍」つきで『マズルカ作品七－一』を弾くと、ショパンは、それはあなたのアイディアではないだろうと言い、「あたりかまわず自分の爪あとを残したがる」リストについて嘆いていたという。

リストはヨーロッパ各地でマスタークラスをおこなったので、一九世紀末から二〇世紀初頭にかけてのピアノ界はリストの門下生が席捲《せっけん》することになった。エミール・フォン・ザウアー（一八六二〜一九四二）、モーリッツ・ローゼンタール（一八六二〜一九四六）、アレクサンダー・ジロティ（一八六三〜一九四五）、オイゲン・ダルベール（一八六四〜一九三二）など。

もうひとつの流派は、ウィーンで指導していたポーランドのピアニスト、レシェティツキ（一八三〇〜一九一五）門下。パデレフスキ（一八六〇〜一九四一）、イグナッツ・フリードマン（一八八二〜一九四八）、アルトゥール・シュナーベル（一八八二〜一九五一）など。ベートーヴェンを得意としたシュナーベルを除いては、みなロマンティックなスタイルのピアニストだった。

パデレフスキが一九一七年に録音した『ワルツ作品六四－二』を聴くと、リフレインのスケールを突然二倍のテンポで弾いているのでびっくりする。『練習曲《エチュード》作品二五－九』は終止形を二倍遅く弾く。この人の演奏は左右をずらすルバート（テンポをのびちぢみさせる奏法）が顕著で、二七年録音の『ノクターン作品一五－二』も、三〇年の『ノクターン作品九－二』もバスとメロディがひと呼吸ずつずれている（ワルシャワ留学中の学生がこの種のルバートを用いると、先生から「パデレフスキみたいに弾くな」と言われるそうである）。

フリードマンが一九二〇年代に録音したショパンも、バスにオクターヴを足すのは当たり前、あるところはやたら速く弾き、あるところは突然立ち止まったり、舞曲のリズムを思い切りデフォルメしたりとアクの強い演奏で、聴いていて椅子から転げ落ちそうになる（フリードマンのショパン解釈は、テンポ変化の総称を「アゴーギク」と名づけたフーゴー・リーマンの理論に裏づけされているというのだが）。

独学の巨人もいた。レオポルド・ゴドフスキ（一八七〇～一九三八）は一九〇〇年にベルリンでデビュー・リサイタルを開き、ショパンの練習曲《エチュード》七曲のパラフレーズで聴衆をノックアウトしてしまった。彼は演奏会の模様を次のように伝えている。

「私ははじめに作品二五の四番の左手の練習曲を弾きました。そのあとの騒ぎを伝えるのは不可能です。もの凄《すご》い拍手は圧倒的でした」（ショーンバーグ『ピアノ音楽の巨匠たち』）

ついで『作品一〇-一一』と『作品二五-三』を結合させたものを弾き、『作品二五-八』の六度の練習曲《エチュード》、マズルカ仕立ての『作品二五-五』、嬰ハ短調の『作品一〇-四』、左手の『作品一〇-五「黒鍵」』と右手の『二五-九「蝶々《ちょうちょう》」』を合わせる「冗談」へと弾きつぎ、ウェーバー『舞踏への勧誘』への「対位法的パラフレーズ」で締めくくると、客席のピアニストたちや一般聴衆は熱狂して猛獣《もうじゅう》のように叫んだという。

客席にいたウラジミール・ド・パハマン（一八四八～一九三三）は典型的な一九世紀的ヴィルトゥオーゾの一人だったが、自分も「黒鍵」をゴドフスキ風にアレンジしようとしてうまくいかず、悲惨なことになった録音を残している。

ゴドフスキのライヴァルの作曲家・ピアニスト、フェルッチョ・ブゾーニ（一八六六〜一九二四）も一九二二年、ベルリンの演奏会でショパンを使って大いに遊んでいる。

彼はまず、マズルカ風の『前奏曲第七番』をくり返して弾き、その音形を使ってさりげなく転調してから序奏のようにアルペッジョを弾き、「黒鍵」の練習曲《エチュード》を弾きはじめる。再現部前のトレモロは倍に増やし、ラストは左手がいったん上がってから下に降り、オクターヴは書かれているよりもさらに上から弾いて華やかな効果をあげている。

「黒鍵」の練習曲《エチュード》はアレンジ欲をそそったようで、リストの弟子で、ショパンの弟子ミクリにも師事したモーリッツ・ローゼンタールも、最後のオクターヴを派手にグリッサンドで弾いている。

聴いているぶんにはおもしろいが、教育者としては、ピアノを学ぶ若者に同じことをされたらたまらないと思ったのかもしれない。ジュラヴレフとその盟友のズビグニェフ・ジェヴィエツキ（一八九〇〜一九七一）が、著しくゆがめられたショパン演奏を本来あるべき姿に戻すことを目的に、「ショパンの作品を弾いて競う、国際的な音楽コンクールを開いてみたらどうだろう」（佐藤『ドキュメント　ショパン・コンクール』）と思いついたというのは十分にうなずける。

これが一九二五年のことである。

「無論、世界中の若者たちを集めなければならない。ショパンの作品の素晴らしさを改めて世界中の人たちに認識してもらうのだ」「できることなら、高額の賞金や演奏会の機会を用意して、若者たちに世界に向かって羽ばたくチャンスを与えたい」（同前）

つまり、当初からコンクールの趣旨はスポーツと同じような「競い合い」と、「一九世紀ヴィルトゥオーゾ」のスタイルに対抗する「正統的な解釈の普及」の二本立てだった。このことがのちのちまでコンクールのコンセプトを蛇行させることになる。

「世界中」とはいえ、たった二年の準備期間は資金面も運営面も十分とはいえず、第一回の参加者は八か国から二六人とこぢんまりしたものだった。予選と本選の二段階方式。優勝はソ連のレフ・オボーリン。第二位と第三位はポーランド、第四位がソ連。このとき、実はのちの作曲家ショスタコーヴィチが第三位に相当するポイントを得ていたが、ポーランド人を入賞させるため選外になったという逸話もある。真偽のほどは不明だが、ショパン・コンクール名物のソ連（ロシア）対ポーランドの図式はこのころから描かれていたらしい。

優勝したオボーリンはヴァイオリンのオイストラフとのデュオで数々の名演を残し、一九六三年には来日している。指導者としてもウラディーミル・アシュケナージやミハイル・ヴォスクレセンスキーを育て、日本では野島稔《のじまみのる》の先生として知られる。ブゾーニの弟子に手ほどきされたはずなのだが、コンクール時の録音を聴くと、きわめて折り目正しい解釈で、ルバートを多用することもテキストにない音をつけ足すこともない。

第三位にはいったルジャ・エトキンは、ミハウォフスキとジェヴィエツキに師事したユダヤ系ポーランド人。第二次大戦中にドイツ兵士によって虐殺されてしまった。大胆なルバートを駆使したノクターンやマズルカは、こんにち聴いても大変に魅力的だ。

第二回は五年後の一九三二年の三月。応募総数が二〇〇名を超えたため書類選考で一八か国八九名に絞られた（実際に参加したのは一四か国六八名）。優勝は、キエフに生まれ、パリ音楽院でラザール・レヴィ（一八八二〜一九六四）に師事した亡命ロシア人のウニンスキー。なんと、このときは第一五位まで入賞を出している。

第三回は第二次世界大戦二年前の一九三七年二〜三月だった。優勝はソ連のヤコフ・ザーク。この年、初めて日本から二名が参加し、原智恵子《はらちえこ》が聴衆賞を得ている。ポーランドのナショナル・エディション（いわゆるエキエル版）を校訂したヤン・エキエルが第八位に入賞した。

2　ショパンの本質は一八世紀？

ショパン・コンクールを創設したワルシャワの教授たちは「正統的な解釈の普及」を目的としてかかげたが、ショパン演奏において何が「正統的」かということも常に議論の対象になる。というのは、ミクリから、ショパンの後継者たるべく特訓されたポーランドのピアニスト、ラウル・コチャルスキ（一八八五〜一九四八）の録音を聴いても、ブゾーニとはまた別の意味でびっくりするからである。

エーゲルディンゲル『弟子から見たショパン』によれば、ショパンは自分の曲を弾くとき、「左手は聖歌隊の指揮者」のようにというのが口癖だったらしい。ミクリは「伴奏部を弾く方の片手で正確なテンポを保ちながら、メロディを歌う方のもう一方の手で、拍子に捉《ママ》われない真の音楽的表現を目指す」と説明している。

これは、ショパンが愛したベルカントの伝統から来ているものだ。一般的にベルカントというとロマン派と思われがちだが、実際には一八世紀イタリア・バロックの装飾的な歌唱法で、ショパンは、ドニゼッティやヴェルディなど、ベッリーニ以降のドラマティックなベルカントの動向には懐疑的だった。

「ルバート」（イタリア語で「盗まれた」の意）の名づけ親、トージによれば、ルバートとは「前の音を伸ばしたり縮めたりすることで次に来る音を犠牲にしたり強調したりして埋合せすることなのである。このような韻律における「盗み」は、即興的装飾音（歌詞や音楽の流れと結びついた）の場合に、低音部の揺ぎないテンポに乗って（傍点はトージ）行なう。ルバートは独奏部の流れと低音部の流れとの対位法から生じること、端的に言えば、この二つの部分に拍子の不一致ができるということなのである」（同前）。

具体的に説明しよう。ノクターンのような作品の場合、メロディは自由にのびちぢみするが、伴奏は規則正しくリズムを刻む。つまり、上下がずれずれになるわけだ。一九二八年、つまり第一回ショパン・コンクールの翌年にコチャルスキがベルリンで録音したショパン『練習曲《エチュード》作品二五－七』や『子守歌』は、ベルカントのスタイルに忠実に、右手と左手が違う小節を弾いているのではないかと思うほどずれている。

たとえばモーツァルトの手紙を読むと、こうした発想がいかに一八世紀的だったかがわかる。一七七七年一〇月、母親と演奏旅行に出たモーツァルトは、故郷の父親に宛《あ》てて、「ぼくが終始タクトを正確に守っていること、その点にだれもかれも感心します」と書く。

「アダージョのテンポ・ルバートで、左手はそれと全然関係がない（高音部はテンポを崩しても低音部は基本的なテンポを守ること、古い時代のやり方で、ロマン派の時代になるとこれが崩れて来る）ということを、あの人たちはまったく飲みこめず、左手が引きずられてしまいます」（『モーツァルトの手紙』）

一九世紀にはいると「ベルカント風ルバート」にかわって、メロディに応じて伴奏型ものびちぢみする「ロマンティックなルバート」が主流になった。ショパンは、一九世紀人としては時代遅れな「ベルカント風ルバート」を使って弾いていたらしい。

彼のピアノを聴いた作曲家のモシェレスは、「他の演奏家ならあれほど自由な演奏をすれば、拍子が乱れてしまうものだが、ショパンの場合には優雅で独創的な語りかけになる。（中略）聴いていると、まるで歌手が伴奏を気にもとめずに、ひたすら自分の感情を追っているような気がしてきて、つい引き込まれてしまうのだ」（エーゲルディンゲル『弟子から見たショパン』）と回想する。

もっとも、やはり弟子の一人クレチンスキ（一八三七〜九五）は、「ショパンのルバートは樹のようだ。木の葉は揺らぐが幹は動かない」というリストの言葉を引用しながら「ショパンの作品には葉がそよぐどころか、幹までもが大揺れに揺れるところもある」（同前）と補足し、例として『ノクターン作品三二-二』の中間部や『即興曲第一番』を挙げている。

また、レンツによればショパンは、「曲全体の長さはそのまま維持しながら、部分的なテンポのニュアンスをいかようにも変化させて弾くことが可能なのです」（『パリのヴィルトゥオーゾたち』）とも語っていたという。

我々がこんにち理解しているルバートとは、まさにこのとおり、どこかでテンポをのばしたらどこかでちぢめ、全体のバランスをとるやり方である。

ここで問題になるのは、「ベルカント風ルバート」であれ、「ロマンティックなルバート」であれ、理論的に正しいやり方で、よい趣味をもっておこなわれなければならないということだ。サン＝サーンスはショパンに可愛《かわい》がられた歌姫ポーリーヌ・ヴィアルドが伝授してくれた「テンポ・ルバートの秘密」について次のように書いている。

「このような演奏は非常に難しく、両手を完全に独立させて使えなくてはならない。そこまで出来ないと、メロディーを正確に弾きながら伴奏のテンポを狂わせたりしてごまかし、これがルバートだと自他ともに幻想を抱くようなことになりかねない。さもなければ——最悪の場合には——両手で交互にずらして弾くだけで事足れりとするわけだ。それくらいならいっそ、両手をいっしょに演奏して、きちんと拍子を保つほうがずっとましというものである」（エーゲルディンゲル『弟子から見たショパン』）

要するにこういうことだ。「ロマンティックなルバート」では伴奏形ものびちぢみするため、まずバスがはいり、それからメロディの第一音、ついで伴奏の第二音……というふうに少しずつタイミングがずれ、「両手で交互に」弾いているように聞こえることがある。両手を完全に独立させ、左手はリズムを刻んで右手だけ自由に歌うことから生まれる「ずれ」とは意味が違うのだ。エーゲルディンゲルは、「両手で交互に」弾く例としてレシェティツキ、プーニョ（マティアスの弟子）、パハマン、パデレフスキ、フリードマンを挙げ、ショパンの伝統に連なる「ベルカント風ルバート」とは一線を画している。

ルバートばかりではなく、ショパンの書法も一八世紀的だった。たとえば、バロック固有の「スティル・ブリゼ」という書法がある。分散和音の個々の音を保持して響きを豊かにするやり方で、ペダルもなく音のつづかないクラヴサン（ハープシコード）には必要不可欠な、いわばハンドペダルの技法（バッハ『平均律クラヴィーア曲集第一巻』の第一番ハ短調の前奏曲を参照されたい）だが、ショパンは『バラード第一番』の主題や『ソナタ第三番』第三楽章トリオはじめ、さまざまなシーンで「スティル・ブリゼ」を使っている。

『ノクターン作品27－2』の自筆譜

そして、トリルやアポジアトゥーラなどの装飾音。ロマン派の書法では左手より先に出すのが慣例だが、ショパンは装飾の最初の音を低音に合わせるように指示している。これも、一時的な不協和による緊張感を重んじたバロック時代の演奏習慣である。

リストが自分の曲をアレンジするのは嫌ったショパンだが、自分もまたそのつどメロディに装飾を加えて弾いたらしい。ミクリは「ショパンが自作を演奏するときは、好んで装飾音の変奏を何箇所かにわたって導入するのであった」（同前）と回想している。ショパンは弟子の譜面にも、その人の資質やレヴェルに合わせてさまざまなヴァリアント（異稿）を書きつけた。コチャルスキが一九二四年と三八年に録音した『ノクターン作品九－二』では、ミクリから伝えられたさまざまなヴァリアントを聴くことができる（現在ではエキエル版に収録）。

もともと、ノクターンに見られるようなショパンの装飾法は、ベルカントの変奏を可能なかぎりピアノに移そうとしたものだ。ある音を歌う前に、その音を先取りするのは「チェルカル・ラ・ノータ」。二つの音の間をなめらかにずらすのは「ポルタメント」、高いところからすべるように降りてくるのは「ストラッシーノ」という技法。ピアノでは、半音階をまじえた細かい音の連なりで同様の効果を出す。声を大きくしたり小さくしたりして情感を高めるのは「メッサ・ディ・ヴォーチェ」。歌なら同じ音高で強弱をつけられるが、ピアノでは不可能なため隣《とな》りあった音をふるわせる。

ショパンは一八四二～四四年、ポーリーヌ・ヴィアルドが初めてベッリーニの『ノルマ』を歌うことになったとき、彼女のために「カスタ・ディーヴァ」の伴奏を書いている。この有名なアリアが、四四年作の『ソナタ第三番』第一楽章の第二主題と和声的にも旋律的にも同じ構成で書かれているのは、決して偶然ではなかろう。

ショパンの時代、カンタービレに即興で装飾音をつけるやり方は、ロマン派のベルカント唱法やパガニーニのヴァイオリン奏法には残っていたものの、フンメル（一七七八～一八三七）以後は顧みられなくなった。クレチンスキによれば、ショパンは、細かい飾りのパッセージをさっと一息に弾いてしまったというが、そうしたスタイルも時代の流行からははずれていた。

『弟子から見たショパン』に収録された同時代人たちの証言を読むと、一九世紀ヴィルトゥオーゾ時代のただなかに生きた、「一八世紀人ショパン」という新たな一面が浮かびあがってくる。

3 「ロマンティック派」対「楽譜に忠実派」

ショパン・コンクールが創設された一九二〇年代のショパン演奏には、一九世紀的なスタイルと一八世紀の演奏習慣の名残《なご》りが混在していたことだろう。

コチャルスキと同じくミクリの弟子で、第一回ショパン・コンクールでは審査をつとめたミハウォフスキはまさに折衷《せっちゅう》で、『ノクターン作品九 - 二』にはコチャルスキとはまた違う装飾を入れ、左右がかみあわない『子守歌』を弾いているが、左手はコチャルスキよりずっと自由にのびちぢみする。「黒鍵」の練習曲《エチュード》では、ブゾーニよろしく楽譜にないパッセージを加え、最後は定番のグリッサンドで締めくくっている。『小犬のワルツ』を華麗にアレンジしたパラフレーズ（まさに一九世紀！）を弟子のジュラヴレフに献呈し、後者が弾いた録音まである。

ところで不思議なことに、彼らが「正統的なショパン解釈」を求めて創設したショパン・コンクールの初期優勝者の録音には、「過度にロマンティックな一九世紀的スタイル」もないかわりに、ミクリを通じて受け継がれたはずの一八世紀的な演奏習慣の名残りもみられないのである。

折しもピアノ界では、行きすぎた「一九世紀的ロマンティシズム」への反動から、「ノイエ・ザッハリヒカイト（新即物主義）」運動が起こりつつあった。楽譜に忠実に、解釈に個人的な感情をさしはさまず、余分なルバート（とりわけ、上下をずらすルバートは極端に嫌われた）もせず、技巧のための技巧も弄《ろう》さず、作品そのものに語らせようという行きかたである。

指揮ではアルトゥーロ・トスカニーニ（一八六七～一九五七）が急先鋒《せんぽう》で、ピアノではヨーゼフ・ホフマン（一八七六～一九五七）、アルトゥール・シュナーベル、ワルター・ギーゼキング（一八九五～一九五六）など。ショパン・コンクール創設者の一人ジェヴィエツキも、残された録音で聴くかぎりかなり「ザッハリヒ」なスタイルだが、味わい深い演奏をする。

一九三二年の第二回ショパン・コンクールの優勝者ウニンスキーを指導し、三七年の第三回で審査員に招聘《しょうへい》されたラザール・レヴィも「ザッハリヒ」の推進者の一人だった。レヴィと同門のアルフレッド・コルトーは楽譜にない音を弾いたり、ルバートの多いスタイルだったので、ある時期は「娼婦《しょうふ》のようなピアノ」と批判された。

やはり第三回の副審査委員長をつとめたヴィルヘルム・バックハウス（一八八四～一九六九）は、転換期のよい例である。戦後は揺るぎない「ザッハリヒ」なベートーヴェン演奏で名をなしたバックハウスだが、一九二〇年代の音源を聴くと、モーツァルトをアレンジした『ドン・ジョヴァンニのセレナーデ』はじめ編曲ものが多く、一九世紀的ヴィルトゥオーゾのイメージが強い。一九五三年の録音でも、戦前の演奏習慣にもとづいて冒頭に即興を加え、「両手で交互にずらして」『ノクターン作品二七 - 二』を弾いている。

「ノイエ・ザッハリヒカイト」は戦後のピアノ界で主流になった。日本でも、一九五〇年にラザール・レヴィが来日し、公開講座の前に「解釈の過剰に就て」という講演をおこなって「テキスト重視」を訴えた。

「最も高名な独奏家を含めて、独奏家という人びとの中で、内心の魔神とでも呼ばれるものに抵抗することができるのはまことに少数にすぎません。この膜然《ママ》とした魔力は、独奏家をして自己の個性を過度に顧慮せしめ、音楽家が先ず第一に念願とすべき原譜尊重の義務から彼等を危険なほど遠ざけるのです」（池内《いけのうち》友《とも》次《じ》郎《ろう》・安川《やすかわ》加《か》壽《ず》子《こ》訳）

ハロルド・ショーンバーグが『ピアノ音楽の巨匠たち』で引用しているホフマンの言葉「自分のものを加えずに、書かれている通りに弾くだけでも、演奏家にはすることが充分ある」は、私も含めて戦後ピアノを習いはじめた子供たちが先生からさんざんきかされたことだ。あまりに「書かれた通りに弾く」が浸透したために、「今日（原書が刊行された一九六三年当時）の若い演奏家たちは音符、フレーズ、強弱の指示を、それと知りつつ変えるくらいなら、むしろ自分の手を切ったほうがいいと考えるくらいに訓練されている」とショーンバーグは書く。

　こうした潮流のなかで、一九世紀の否定から始まったショパン・コンクールもまた、よりショパンの本質に近い（と思われる）一八世紀を呼び戻すかわりに、よりモダンな二〇世紀に向かったといえよう。「楽譜に忠実」こそが「正統的なショパン解釈」というすり替えがおこなわれたように思われてならないのである。

ミクリの弟子たちのうち、ミハウォフスキは、第一回コンクールの審査に加わったが、自分の生徒が予選落ちしたことを理由に本選の審査を辞退してしまい、第二回には参画しなかった。エーゲルディンゲルが「ショパンの伝統をもっとも純粋に、かつ生きたものとして守った人物」（『弟子から見たショパン』）と評価するコチャルスキは、ベルリンにいたためか審査員には呼ばれず、ようやく第四回に招聘されたものの前年に死去した。

ミクリの門下生たちがどこまでショパンの神髄を伝えているか、疑問視する向きもある。たとえばイギリスの音楽評論家で第四回と第六回の副審査委員長をつとめたアーサー・ヘドリーは、「ミクリが導き出した、いわゆるショパンの伝統は完全に歪《ゆが》められている。歴史的な文献によれば、本当に数少ない人にしか真の伝統は伝わっていない。ショパンの作品の真の解釈は楽譜そのものにしか見いだせない」（佐藤『ドキュメント　ショパン・コンクール』）と語っている。しかし、ショパンが自作を「その場のインスピレーションによって、いつも違うふうに」（エーゲルディンゲル『弟子から見たショパン』）弾き、弟子たちの譜面にさまざまな装飾のヴァリアント（異稿）を書き込んだことは数々の証言や資料から明らかで、「楽譜に忠実派」が陥りがちな「解釈の固定」とは相反するように思うのだが……。

「習い覚えたもの、固定されて変わらないものほど、即興を旨とするショパンの才能と縁遠い

ものはなかった」（同前）

草創期のショパン・コンクールに君臨したのは、ジュラヴレフとともにコンクールを創設し、七回にわたって審査員、第四、六、七回には審査委員長をつとめたジェヴィエツキである。門下から、ナショナル・エディションの校訂者ヤン・エキエルはじめ、現時点で四人しかいないポーランド人優勝者のうち二人（チェルニー＝ステファンスカ〔一九四九年第四回〕とハラシェヴィチ〔一九五五年第五回〕）を輩出した名教授で、アルゲリッチが優勝した第七回（一九六五年）でも第三位マルタ・ソシンスカと第四位中村紘子《なかむらひろこ》を指導している。

『ワルシャワの覇者』に収録された晩年のインタビューで彼は、門下生がほぼ毎回入賞した理由について、「私の指導の原則を守り、自分の信念に基づいた演奏を貫いた」からだと答えている。

「私は彼らが技術面または感情面のどちらにも偏らないように見守っていました。とはいえ私は、芸術の原動力は感情であると確信しています。ですから芸術は学問であるという人々には全く賛成できません。当然ながら音楽は知性を要求し、自己コントロールを要求し、作曲家の残した楽譜を可能な限り尊重することを要求しています。成功の秘訣はショパンを理解した上で演奏法はひとつではないと認めることです」（楠原祥子《くすはらしょうこ》訳）

ジェヴィエツキ自身はこのように語っているが、ポーランド人批評家の目には、自国の審査員の美学的、技術的信条がコンクールの辺境化を招いていると映ったようだ（中村紘子は当時のポーランド流スタイルについて、あまりにシンプルで退屈になりかねないと指摘している）。

一九六五年、ジェヴィエツキが審査委員長をつとめる最後のコンクールとなった第七回で、ラジオ放送局のイェジ・ヴァルドルフをはじめとする八人のポーランド人批評家が、「外国人演奏家の自由で個性的な表現」を十分に尊重しない教授たちに反旗を翻すという事件が起きた。彼らは、第三次予選進出を阻まれた三人の外国人ピアニスト（そこには日本の遠藤郁子《えんどういくこ》も含まれていた）に独自の基準で特別銀賞を贈り、公開討論会を開いた。

発言を見ていると、争点はやはり「ロマンティック派」対「楽譜に忠実派」だったようだ。ある評論家は、「ロマン主義的演奏スタイルが排されて、知的な演奏の方向に向かっている」と非難する。別の評論家は「我が国のピアノ教師たちの多くは、芸術家の個性とは楽譜を忠実に読むことだと思っている。このような素っ気ない形式主義が優れた才能を伸ばすのに本当に役立つだろうか？」（佐藤『ドキュメント　ショパン・コンクール』）という問題提起をしたが、ポーランド人審査員たちは欠席したという。

4　ポゴレリチ事件

創設者のジュラヴレフが亡くなり、ポゴレリチ問題で揺れた一九八〇年の第一〇回は、「ロマンティック派」と「楽譜に忠実派」の対立がもっとも鮮明に浮き彫りにされたコンクールとなった。

第一次予選から圧倒的なテクニックと特異な解釈、個性的なファッションで話題を呼んだユーゴスラヴィアのイーヴォ・ポゴレリチ。こんにち演奏映像を見ても、技巧の完璧さは群を抜いている。その彼があろうことか第三次予選で落ちてしまったため審査員のアルゲリッチが怒って審査を降りた話は有名だ。

そのアルゲリッチが、審査員のニキタ・マガロフやパウル・バドゥラ＝スコダとテレビのインタビューに答える映像(『ワルシャワの覇者』)が残っている。バドゥラ＝スコダは、「ごく少数の審査員による不正な行為」と憤慨するアルゲリッチに「不正という表現は如何なものか。少なくとも自分は、一部審査員の陰謀という印象は持っていない」とたしなめつつ、自分も一九四九年にコンクールを受けたとき、「演奏が自由すぎてショパンらしくない」という理由で第二次予選落ちし、フォルティッシモなどは「リストのようだ」と非難されたと告白している。ところで、ショパンのピアノを聴いたモシェレスが「自由な演奏」に驚いたことを思い出していただきたい。それも、自由な演奏が当たり前だったロマン派時代のことである。

ポゴレリチの演奏についてバドゥラ＝スコダは、いくつかの瞬間はすばらしく、他の容認できない部分を補ってあまりあったと称賛している。いっぽうマガロフは、一般論として最近のピアニストは「ショパンの書いた指示を全く尊重していない」と言い、「作曲者の精神をいかに表現するかが最も基本的な事なのですから」と「楽譜に忠実」的姿勢を示している。審査委員長で指揮者のカジミエシュ・コルトは記者会見で、「ポゴレリチは二次予選を下位で通過したにもかかわらず、三次予選ですさまじい追い上げを見せたが、届かなかった。コンクールの根本的な条件として、楽譜に書かれている事を正確に演奏に映す事が必要です」と釈明する（ショパン自身が楽譜をさまざまに変えて弾いていたのだが……）。

この年は、私が評伝を書いた師の安川加壽子が審査員をつとめており、遺品のファイルに審査表が残されていた。それを見ると、当時は第二次予選も第三次予選も、ポロネーズやマズルカなどポーランドの民族音楽を分けて採点していたらしい（現在はラウンドごとに総合評価する）。ポゴレリチは第三次予選のマズルカの演奏で、二五点満点で二四点から一点までばらついたため、ファイナルに進めなかった。

二五点満点で審査する場合、一七～一八点が分岐点である。よい場合は二二～二三点。よほど悪ければ一三～一五点をつけるかもしれないが、一応弾いているのだから二一～三点というのは考えられない（もっとも、一九五五年の第六位、ドミトリ・パパーノの『回想　モスクワの音楽家たち』によれば、審査員のベネデッティ＝ミケランジェリは、とくに気に入った数名のコンテスタント以外は二五点満点で一〇点、六点、さらに三点という低い点をつけていたという）。

私が『翼のはえた指』で紹介したように、安川はポゴレリチの演奏を「弱く弾くはずのところで激しく鍵をたたいたり、速く演奏する部分でゆっくり弾いたり、めちゃめちゃなようでいて表現力があり、天分を感じさせる不思議な演奏家」「ピアニストとして抜群の能力を認められながらも、ショパン・コンクールという前提での弾き方や解釈から逸脱していたことは否めなかった」（変わった解釈が増えたこんにちでは、さほど突飛にも聞こえない。むしろ、強音をかなり乱暴にアタックしているのが気になる）と総括する。

しかしまた、他の審査員は「斬新《ざんしん》で現代的なアプローチ」と受け取っているが、実はあれは一九世紀的な古い解釈なのだと指摘することも忘れない。それもそのはず、ポゴレリチが師事し、結婚したアリス・ケゼラーゼは、リストの弟子ジロティの系列に連なるピアニストで、一九世紀巨匠主義の伝統を現代に蘇《よみがえ》らせることに尽力した。モスクワ音楽院でヴェラ・ゴルノスターエヴァに師事していたころのポゴレリチは師の言うことをきかない異端児だったが、ケゼラーゼの指導には傾倒した。二人の共同作業は、楽譜を詳細に分析する師の解釈とポゴレリチの圧倒的な身体能力、特異なセンスがあいまって、すばらしい効果をあげた。

ポゴレリチがラヴェル『夜のガスパール』を弾き、ケゼラーゼがレッスンする模様をYouTube（https://www.youtube.com/watch?v=GTjkK5ewqCI）で見ることができる。ケゼラーゼは、ラヴェルの楽譜とインスピレーション源になったアロイジウス・ベルトランの詩から読み取ったものについて語り、それを実現する具体的な技法を伝授している。ラヴェルの本質からすれば大変ロマンティックな解釈で、「オンディーヌ」の最後では「遅くしないで」という指示を守らないなど、フランス人教師なら「楽譜どおりに弾いていない」と非難するだろう。

いっぽう同じ映像のなかで、ケゼラーゼは「ショパン・コンクールの第一次予選で、彼に対して難癖をつけようとして彼らはスケルツォの演奏のあら探しをしたんですが、全く隙《すき》がなかったのです」と発言している。

「なぜなら、すべてが作曲者の要求どおりだったからです。私は、指導するときには作曲家のオリジナルを非常に重視して最大限の注意を払うことを常に心がけています」（一柳《ひとつやなぎ》富美子《ふみこ》訳）

たしかに、『スケルツォ第三番』は、ときおりコラール部分を弱く弾いたり、ペダルでのばすところを切って弾く以外は、当時よく使われていたパデレフスキ版に忠実な演奏だ。第三次予選で弾いた『ソナタ第二番』も、かなりミスタッチが目立つことは事実だが、ラフマニノフのように冒頭でオクターヴ低い音を足すわけでもなく、圧倒的な集中力でショパンのデモーニッシュな一面をえぐり出している。

コンクール当時、ポゴレリチのマズルカやポロネーズの解釈がポーランド人審査員の反感を買ったということになっていたが、ポゴレリチは二〇〇五年、台湾の音楽評論家焦元溥《チャオユアンプー》との対談（『ピアニストが語る！』）で衝撃のエピソードを語っている。

「あのときのコンクールの第一位は、実際はあの年の四月にソ連によって「決定」されていました。あのころソ連の文化部の下部に国際コンクールに対応するための組織があり、専門にソ連の参加者すべての「面倒をみて」いました。

私はショパン国際ピアノ・コンクールに参加する前に一九七八年にイタリアのカサグランデ

国際コンクールで第一位となり、一九八〇年にカナダのモントリオール国際コンクールで第一位となっていました。モントリオール国際コンクールの後モスクワに戻りましたが、モスクワ音楽院のピアノ科主任のドレンスキーが私に会いに来て、私にショパン国際ピアノ・コンクールを捨てるよう「提案」しました。彼は私が彼らを妨害さえしなければよく、まだ誰を推すか人選していないので一九八二年のチャイコフスキー国際コンクール第一位と交換できると言いました」

ポゴレリチはこの「提案」を受け入れなかったので報復されたというわけだ。

「私がファイナルに残ることを妨げたのは私の音楽的な解釈ではなく、審査員同士の政治的な要因によるものでした。ドレンスキーは私に零点をつけ（満点は二十五点）、そのほかのソ連の支配下にある共産主義国家の審査員も零点か一点しかつけず、西側の審査員はそうではありませんでした」（同前）

アルゲリッチがテレビのインタビューで語っていた「不正」とはこのことだったのか。裏づけを取ったわけではないので真実かどうかはわからないが、少なくともポゴレリチに零点をつけた審査員はいない。

旧共産圏では何がおこなわれていたか。パパーノの回想録（『回想　モスクワの音楽家たち』）を読んでみよう。第四回は一九四九年に開催され、ポーランドのハリーナ・チェルニー＝ステファンスカとソ連のベラ・ダヴィドヴィチが優勝を分け合っている。つづく五五年、コンクール組織委員会が「地元の参加者が単独で第一位となることを強く望んでいた」のは当然のことだろうと、パパーノは書く。

この年は三段階方式で、第一次予選でも第二次予選でもソ連のウラディーミル・アシュケナージがトップを走り、ポーランドのアダム・ハラシェヴィチが二番手だったが、点数は大分離れていて、逆転は難しいと思われた。

「ところが本選を前に、コンクールの審査結果に関して非公式な共同戦線が張られたという。ポーランドとフランスの派閥のあいだで、審査について、たがいの推す参加者をそれぞれ支持しようという協定があったとの噂《うわさ》もあった。ポーランドが最高位、つまり第一位の獲得に名誉を賭けていたことは、誰もがよく知っている」(同前)

フランスの審査員はラザール・レヴィ、ロン＝ティボー・コンクールの創始者マルグリット・ロン、ラヴェルの弟子ジャック・フェヴリエである。ロン夫人が到着したのは第二次予選終了後だったというが、このときに「共同戦線」が張られたのだろうか。

ポーランド国民の期待を一身に受けた本選の協奏曲、ハラシェヴィチは「申し分のない演奏」をした。とはいえ、全三回のステージでアシュケナージを超えることは不可能なはず、とパパーノは書いているが、その不可能が現実になったことはよく知られている。結果に不満だったベネデッティ＝ミケランジェリは審査の議事録へのサインを拒んだ。

私がただ一度だけ審査したカザフスタンのアルマトイ国際コンクールでも、モスクワ音楽院在学中のコンテスタントが圧倒的な高得点で優勝したが、審査委員長の弟子を「救済」するため事務局と審査委員長による「会議」が開かれ、「同率の優勝」となった。賞金が半額になってしまったため、モスクワ音楽院の学生にとっては不満な結果となったが、私は彼のところに行って握手を求め、「あなたこそ唯一の優勝者だ」と言うことしかできなかった（握り返された握力の強さに思わず顔をしかめたが）。

二〇一二年、浜松国際コンクールのプログラムでその「つくられた優勝者」の名前を発見したときは複雑な気持ちになった。そのコンテスタントが第一次予選で姿を消したから、なおさらである。「圧倒的な優勝者」だったモスクワ音楽院の学生とは、カザフスタンのダニール・ツヴェトコフで、二〇一〇年、第二回高松国際コンクールで第四位に入賞し、同年ブラームスの『パガニーニ変奏曲』によるCDもリリースしている。

だから、ポゴレリチの証言にもあまり驚かないのだが、それが真実であるとしても、ソ連側が一九八〇年のショパン・コンクール優勝者として決めていたのは、少なくとも実際の優勝者ではないだろう。というのは、優勝したヴェトナムのダン・タイ・ソンは、「面倒をみて」もらうどころか、当初書類審査で落とされていたからだ。

モスクワ音楽院に留学していたものの国際的にまったく無名だったこのピアニストの驚くべき告白は、伊熊《いくま》よし子《こ》『ショパンに愛されたピアニスト——ダン・タイ・ソン物語』に詳しい。まず、これまではあまり表に出ることがなかったソ連での国内コンクールの実体である。

「ソ連では、国際コンクールに参加するためには三段階のオーディションに通らなくてはならない。まず、モスクワでのオーディション。次がロシアでのオーディション。さらにソ連全体でのオーディション。その中で二、三人が選ばれ、コンクールへのチケットを手にすることになる」

このオーディションもワルシャワと同じく第一次から第三次予選までと本選の四段階に分けられていて、曲目も同じだった。選抜とともに予行演習も兼ねたシステムだ。

ダン・タイ・ソンはこのオーディションを無事通過し、ショパン・コンクールへの「応募」が認められたが、「出場」するためには書類選考という壁がある。多くの応募者は華麗なコンクール歴や演奏歴を並べるが、国際コンクール経験のないダン・タイ・ソンは、「ハノイ音楽院卒業、モスクワ音楽院在籍」としか書くことができない。コンクール事務局では「ハノイ音楽院」を理由に書類をいったん却下したが、のちに考えなおして、モスクワ音楽院だから大丈夫だろうと参加を認めたという。

一九八〇年は応募者が二〇〇人を超えたが、書類の他に適切な選抜方法が見つからず、結局一四九名が参加を認められた（実際の出場者は一二四名）。のちに優勝するダン・タイ・ソンが、たった四分の一しかいない落選者に組み込まれていたとは。

この年は師が審査員をつとめていたためプログラムを見たことがあるが、私が留学したマルセイユ音楽院の後輩も参加を許されていてびっくりした。私は日本で大学院に進んだため年齢制限でパリ高等音楽院を受験できなかったが、フランスの地方音楽院はこれからパリに進学する若い学生が多く、レヴェルはあまり高くない。いっぽうモスクワ音楽院は、そもそもレヴェルが高い上に厳しい選抜で選ばれたエリートしか「応募」できない。コンクール事務局は、いったんはそのエリートにして未来の優勝者を落とし、マルセイユ音楽院出身者を選択していたわけだ。

書類選考の本質的矛盾を露呈するようなエピソードではないか。

5　追加招集事件

一九八〇年に表面化した「ロマンティック派」と「楽譜に忠実派」の対立は、一九九五年の第一三回にも浮上した。一九八九年にヴァン・クライバーン・コンクールで優勝してワルシャワでも大本命だったロシアのアレクセイ・スルタノフが優勝を逃し、フランスのフィリップ・ジュジアーノとともに一位なしの二位となったのである。

ジュジアーノはマルセイユ音楽院で私の師ピエール・バルビゼ（きわめつきの「ザッハリヒ派」だった）に師事し、パリ音楽院ではバルビゼ門下のジャック・ルヴィエに師事した。ファイナルの協奏曲は第一番を選択し、音の粒がよく揃った端正なスタイルで完成度の高い演奏を聴かせた。対してスルタノフはホロヴィッツに憧れるロマンティックなピアニストで、切々と訴えかけるような『協奏曲第二番』は聴衆に深い感動を与えた。

授賞式と入賞者演奏会をボイコットしたスルタノフのインタビューでのコメントは、その後彼を襲った悲劇（二〇〇一年に脳卒中の発作に倒れ、左半身麻痺《まひ》。舞台復帰はかなわず、〇五年に三五歳で死去）を知っているだけに胸を打つ。

「審査員の皆さんは素晴らしいピアニストばかりですが、時代遅れです。特にポーランド人の方はショパンの音楽を自分流の聴き方しかできません。私は偉大なるロマン派の音楽を自分なりに表現します。ただ、ショパン自身が感受性豊かなだけの人間ではなく、革命的な人であったことを忘れてはなりません。気品のある優等生的な弾き方は、審査員にとって都合がいいからということでしかないように思われます」（佐藤『ドキュメント　ショパン・コンクール』）

ショパンが偉大なるロマン派の時代に生きていながら、どちらかというと一八世紀的なスタイルを保っていたことは前に記したとおりだ。しかしまた、書きかけの『ピアノ奏法草稿』で音楽を「音によるわれわれの感情の表出」と定義したことからもわかるように、普遍性よりは自我の主観性を重んじるという点で、やはりロマン派の音楽家だった。同時に彼は、近代和声を予感させる大胆な語法の使い手でもあった。「気品のある」演奏ではあったが、「優等生的な弾きかた」をしていなかったことも数々の証言からわかる。

これだけ多面的な作曲家の作品によるコンクールなのだから、審査するほうにも度量の広さと多様な価値観が求められると思うが、平均値をとるとどうしても保守的になる。集団合議制の限界だろうか。

いっぽう、記憶に新しい二〇一〇年の第一六回は、「はじめに」でも書いたように、一人の審査員の「鶴の一声」による予備予選の追加招集事件で波紋を呼ぶことになった。

高坂はる香による月刊誌『ショパン』二〇一〇年六月号、七月号のレポートを読むと、当時の混乱ぶりが手にとるようにわかる。書類・DVDによる選考がおこなわれたのは二〇一〇年二月一一〜二五日。三五三名の応募者から一六〇名の予備予選参加者が決まり、三月一日にウェブサイトで発表された。ところが、三月一一日付けで新たに五五名が追加され、二一五名のリストが再発表されたのは前代未聞のできごとだった。

ウェブサイトには「ショパン研究所のディレクター、アンジェイ・スウェクとコンクールのディレクター、アルベルト・グルジンスキの決定に基づき、選考委員会より50％以上の得点を獲得したすべての候補者を参加承認した」と発表されている。

この決定を、審査委員長のヤシンスキはまったく知らされていなかった。彼は高坂のインタビューに答えて、「決定したという『報告』を受けたんです。審査員のスケジュールが合わなくなるという問題も出ました。委員会での話し合いもありませんでしたから、最初は本当に驚きました」と語っている。記事では穏やかに語っているようだが、実際には怒り狂っていたという。

やはり審査員のピオトル・パレチニは「コンクール規定は2年前、委員会のたくさんの会議を経て、一言一句まで話し合われ、決定したものでした。そんな規定から外れた決定ですから、異議もかなりあがりました。いろいろな噂が出ても仕方ないと思います」と語っている。

当のスウェクは、どうして最初に一六〇人を発表してしまったのかという質問に、「DVD審査の結果が発表されたとき、私は出張でオフィスを離れていたんです」と言い訳している。「承認者リストを修正しようと思うきっかけになったのは？　たとえば結果にクレームが多かったからとか……」ときかれて、「承認者から漏れていたピアニストに、私が演奏を聴いたことがある人がいました。あれだけすばらしいピアニストなのにどうして通っていないのかと思ってDVDを聴いて、これは適切な人が選ばれていないのではないかと気づいたんです」とあくまでも自分の判断によるものだったと証言しているが、実際には、「はじめに」にも書いたとおり審査員のフー・ツォンの抗議が受け入れられた結果だった。

この唐突な再招集は、コンクールの運営にひずみを生んだ。最初に承認されたグループには三月一日時点で演奏日程がメールで伝えられた。追加招集組にも演奏日程が伝えられたが、最初に承認されていたグループにはその後何の連絡もなく、不安なまま放置されたという。審査員にも混乱が起きた。五五名の追加によって審査日程が三日間のびたが、スケジュールの関係で数名の審査員はキャンセルを余儀なくされた。

二〇一〇年の騒ぎは追加招集問題だけではなかった。まず、予備予選開始二日前に、ポーランド大統領夫妻や政府要人を乗せた飛行機が墜落し、九六名全員が亡くなるという痛ましい事故が起きた。さらに、予備予選三日目の四月一四日、アイスランド南部の火山が二世紀ぶりの大噴火を起こし、一五日からは飛行機がほとんど飛ばない状態となった。

コンテスタントは自分の出番の二日前までにワルシャワに到着する決まりだったため、一六日あたりまでは通常どおり開催できたが、以降は到着順に一〇分間ホール試奏をおこない、翌日演奏するという措置がとられた。四月二一日からは空の交通が復旧しはじめたが、それまでに演奏予定のコンテスタントは、ヨーロッパ各地から鉄道やバスなどを乗り継ぎ、ようようのことでたどりつく。四月二四日までに一六七名は演奏したものの、到着できないコンテスタントのため二九、三〇日と審査日が設けられ、一部以外は異なる六名の審査員の前で演奏することになった（下田「道標」第一回によれば、最終的に一八三名が参加した）。

高坂のレポートによれば、参加者の一人後藤正孝《ごとうまさたか》は、この災難をもっとも受けた一人だった。アエロフロートのモスクワ乗り継ぎ便がキャンセルになってしまい、ロシアのビザがないため二日間空港から出ることができなかった。空港内でビザを取得できることを知って手続きし、ようやく駅に行ったところ、列車はベラルーシを通過するため、そこのビザも必要なことが判明し、急遽《きゅうきょ》大使館でビザを入手。夜行列車に二四時間近くゆられてワルシャワに到着した。

後藤はリスト国際コンクール優勝（二〇一一年四月）の実力者だが、ショパンでは残念ながら本大会に出場できなかった。

コンテスタントの身にもなってほしい。五年に一度、オリンピックより間遠なコンクールである。書類を過不足なく揃え、DVD審査の動画を用意するだけでも大変なのに、やっと予備予選に出場を許可されてみると、突然のルール変更でライヴァルが五五名も増え、しかも天災の影響で期日どおりの到着もままならなくなる。運が悪ければフライトがなく、参加をあきらめなければならない。年齢制限でその年が最後のチャンスだった人もいるだろう。陸路を経てなんとかたどりついたとしても、移動の間まったくピアノにさわれない。演奏前日にホールで一〇分間は試奏できるが、順番待ちに三時間もかかるありさまだ。ただでさえナーヴァスになる予備予選前で、どんなに頼りない思いですごしたことだろう。

頼りない思いは通常どおり演奏できたコンテスタントも同じだ。三月二四日に終了予定だった予備予選が三〇日にのびたため結果発表ものびる。その間、イライラしながらすごさなければならない。飛行機が飛ばないためワルシャワで足止めをくい、大学の卒業式に出られなかったコンテスタントもいた。

6　突然変えられた採点方法

二〇一〇年の第一六回コンクールは、春の予備予選は突然の追加招集と天災で混乱をきわめたが、秋の本大会は順調に進行した。しかし、第三次予選からファイナルに行くタイミングで唐突な採点方法の変更があり、日本から招かれた審査員の小山実稚恵をとまどわせた。

第一次から第三次までの予選では、二種類の方法で採点された。一〇〇点満点の点数をつけ、七五点以上の場合には、次のラウンドに進ませたいかどうかを「YES／NO」で回答する。合否はこの「YES／NO」の数で決まり、点数はせったときにしか反映されない。

小山は、私との対談で次のように語っている。

「規定としては七五点以上が「YES」なんですが、七四点と七五点はどう違うかと言うと……。そこで、本選の前になって、第一次予選からの得点を機械的に足すのではなく、それまでの印象も含めて総合的に、自由につけましょう、ということになったのです」（小山・青柳「日本人がショパン・コンクールで優勝できない理由」）

「突然審査基準が変わったのか？」という問いに対して小山は、「基準そのものが変わったわけではありませんが、一位が一〇点などポイント制で高いほうがよい順位だろうと思っていたら、一位は一と順位でつけることになって」（同前）と答えている。

たとえばフィギュア・スケートの審査で、ショート・プログラムとフリー・プログラムの間で突然採点方法が変更になったら……と考えるといかにあり得ない話かがわかる。

のちに、やはり審査員のケヴィン・ケナーにインタビューしたところ、第三次予選後にディスカッションがおこなわれて投票の方法が変更されたという。ケナーの説明は次のとおりだ。

当初、ファイナルの演奏のみを点数で評価した上で全ラウンドの点を足し、上から順位をつけていくことになっていた。しかし、このシステムだと常に安定した演奏をするコンテスタントが上位に来て、どこかのラウンドではすばらしかったが、別のラウンドではあまりよくなかった、つまり波のある弾き手には不利になる。そもそもコンクールがそういうものではないかとも思うが、オーストリアのインゴルフ・ヴンダーの第三次予選の演奏（『マズルカ風ロンド』や『ソナタ第三番』では暗譜が危ないところもあったし、ときどきタッチが乱暴になったが）を高く評価したケナーは、「全ての点数を足す」方式をやめることを提案し、同じような疑問を抱いていた審査委員長のヤシンスキはじめ一同が同意したという。

新たに採用された順位点による採点方法は、果たして「安定感だけではなく、より音楽的なすばらしさを評価する」ために役立っただろうか。イエスでもありノーでもある。

どのラウンドも平均九〇点以上を獲得し、順位点でも首位だったアヴデーエワが優勝し、第三次予選までは八〇点台後半とやや出遅れ、合計点では上位入賞は望めなかったヴンダーも、ルーカス・ゲニューシャスとともに第二位に入賞した。いっぽうで、第三次予選までは九〇点以上を得ていたのにファイナルの協奏曲だけが不調だったエフゲニー・ボジャノフは第四位に後退した。そして、第三次予選までは八四～八七点台だったダニール・トリフォノフが僅差で第三位に浮上した。

結果を不服としたボジャノフはすべての入賞者演奏会への出場をボイコットした。演奏会に出場しない者は賞金を得ることもできないから、よほど腹にすえかねたのだろう。ケヴィン・ケナーは「ボジャノフの件は、前回のコンクールでの最も悲惨な悲劇のひとつだったと思います」と語っている。「彼は……自身の演奏が常に安定しているとは限らないために苦しむ、他のたくさんのすばらしい音楽家と同様の例と言えるでしょう」。

いっぽう、予選ラウンドで「安定していなかった」ヴンダーは、選考方法が変わったおかげで上位入賞を果たしたのだ。

アヴデーエワは、第一次予選ではニコライ・ホジャイノフにつぐ第二位の平均点だったが、その後はすべて首位で問題ない優勝だったようにみえる。ケナーは、ここにも警鐘を鳴らす。「コンクール側によると、彼女は審査員のなかの誰とも勉強していないことになっています。どの先生からも「S」申告されていなかったんです」（審査員は、自分に直接師事した生徒には「S」〔Student〕申告をして採点からはずれる決まりがある）

しかし、森岡葉によるインタビューでフー・ツォンは「2年ほど前から、彼女はイタリアのコモ湖のアカデミーで私のマスタークラスを受けています」（「審査員、フー・ツォンがすべてを語る」）と語っている。そればかりか、アヴデーエワの書類・DVD審査の結果に抗議を申し入れ、再招集を実現させてしまった。にもかかわらず、彼は「S」を申告せず、堂々とアヴデーエワを採点したわけだ。ケナーは、「彼（フー・ツォン）は「アヴデーエワは単に私のマスタークラスに来ていた参加者で、実質自分の生徒ではない」と言っていました。重要なのは、自分の生徒かどうかにかかわらず、審査員が特定の参加者に対して偏った考え方になり得るかということです」と語る。

二〇一〇年のコンクールでは、「S」は審査員側の自己申告制で、「過去何年以内」や「マスターコースは一回まで」など、明確な基準は定められていなかった。ケナーはまずそこから改めなければならないと指摘する（この点は、二〇一五年には改善された）。

もちろんケナーはアヴデーエワの実力を認め、プライズ・ウィナー（入賞者）であることには疑問の余地がないと言っている。ただ彼自身、「S」申請をして採点に加わることができなかった自分の生徒が、総合点では上だったにもかかわらず「YES」の数が足りなかったので第三次予選に進めず、かわりに自分が「YES」をつけたコンテスタントが上位進出するという悔しい思いをしているので、フー・ツォンの行為が許せなかったのだろう。

二〇一〇年のショパン・コンクールの後、第三位のトリフォノフは二〇一一年のチャイコフスキーで優勝し、第二位のゲニューシャスも二〇一五年の同コンクールで第二位にはいっている。第四位までは順位がどう入れ替わっても不思議ではなかった。だからこそ、「S」が微妙な役割を演じることになったのかもしれない。

7　再び「ロマンティック派」対「楽譜に忠実派」

アヴデーエワはフー・ツォンが「S」申告なしに推し、ヴンダーは「S」申告したハラシェヴィチの弟子だった。ポーランドからはヴァカレッツィ一人がファイナルに進出したが、「隠れた審査員」と言われるワルシャワの聴衆は、ヴンダーに肩入れしたようである。

審査員のケヴィン・ケナーは「ヴンダーの演奏はある意味ポーランドの伝統的なアプローチだったと思います。自分が学生だったときに習ったショパンというものを思い出しました」と語っている。ケナーはアメリカ人だが、幼時よりポーランド人教師について学び、一九八〇年、一七歳でショパン・コンクールに出場したときはステファンスキの指導を受けていたため、伝統的な解釈をよく知っている。

対してアヴデーエワは、二〇〇五年から推奨楽譜となったエキエル版を深く読み込む学術的なアプローチで、フー・ツォンの絶大な支持を得た。

「彼女はエキエル版の楽譜に忠実に、ショパンが意図した世界を見事に再現しました。繰り返される同様のモティーフのフレージング、アーティキュレーション、ペダリングなどが、出てくるたびにいつも違って、それが謎《なぞ》めいていて実におもしろいのです。ほかの版の楽譜では、全部同じになっているので、彼女のようには弾けません」（「審査員、フー・ツォンがすべてを語る」）

これは以下のようなことだ。同じ曲を二度と同じように弾かなかったと伝えられるショパンは、また、ひとつの曲で同じ旋律が出てくる場合は、スラーのかけ方を変えるなど工夫して書いている。ペダリングもしかり。しかし、それ以前のスタンダードだったパデレフスキ版ではその不統一を統一してしまったため、ショパンの変幻自在な即興性が十分に反映されないうらみがある。

「私たち演奏家は、作曲家が残した楽譜を絶対に尊重しなければなりません。すべてが楽譜の中にあるのです。ひとつひとつの音符の意味、フレーズ、和声、ペダリングについて深く考え、わからないところがあったら、自らに問い続ける」（同前）

ところで、焦元溥との対談で「異端児」ポゴレリチも同じことを言っている。

「演奏家であれば絶対に楽譜を尊重すべきで、いかに正確に楽譜を読むかを学ばなければなりません。作曲家は非常に抽象的な音楽の言葉だけで彼らの考えを表現しているので、私たちがもしそれを読みこなせなければ、音楽はその真の姿を失います」（『ピアニストが語る！』）

一九八〇年のコンクールで、審査委員長で指揮者のコルトが、ポゴレリチは「楽譜に書かれている事を正確に演奏に映す」というコンクールの基本条件に反していたから落選したと述べていたことを思い出していただきたい。いずれも「楽譜に忠実」「楽譜を尊重」と言っているが、意味するところはまったく異なっている。

ポゴレリチの見解によれば、読譜とは記号の意味を歴史的に考証することであり、「二十世紀の大多数のピアニストは正確な読譜の知識を失っており、その結果、作曲家の意図を間違って理解しています」ということになる。

二〇一〇年のポゴレリチのような存在になったボジャノフは、エキエル版に特定することなく、さまざまな版を見比べて使う。「校訂者の趣向が反映されているという意味では、どの版を使っても「トランスクリプション」を読んでいるのも同然」(『ショパン』二〇一〇年一二月号)というのがその理由だが、フー・ツォンは「楽譜に忠実でなくても、彼には彼の理論があ」ると評価している。

「気にいらないところもありますが、とにかく個性的で、クリエイティブで、想像力に富んだアーティストです。3次予選までの彼の演奏は、すばらしかった。パッハマン《ママ》やエルマンのような20世紀初めに活躍した演奏家に通じるものがあります」(「審査員、フー・ツォンがすべてを語る」)

ところで、そもそもショパン・コンクールはパハマンのような「一九世紀ロマンティシズム」からショパンを守るために創設されたのではなかったろうか。ポーランド人審査員は軒並《のきな》みボジャノフに低評価をくだしている(以下、『ショパン』二〇一〇年一二月号)。

「彼のようなあまりに強い飾り立てをするピアニストがショパンコンクールで優勝していたら、若いピアニストたちへの先例として問題があったかもしれません。体の大きな動きや、速すぎ

たり鋭すぎたりというところを抑え、もう少し「普通に」演奏すれば充分優勝の可能性もありました」（ヤシンスキ）

「ショパンコンクールですから、彼がショピニストかということが問題になります。審査員たちが、彼を優勝ではなく入賞者とした決断は、正しかったと思います」（パレチニ）

「彼はすごい才能を持っていると思います。ただ、4位は妥当ではないでしょうか。彼のショパンの解釈は少々わがままなんだと思います。謙虚さをもって、また違った先生の言うことを聞いたりしていたら、優勝もあったと思います。演奏に感情が足りないのも問題ですが、ありすぎるのも音楽をダメにしてしまいます」（ハラシェヴィチ）

審査委員会がケナーの提案を受け入れて採点方法を変更した背景には、ショパン・コンクールの総意として、より伝統的な演奏を評価したいという暗黙の了解があったのではないだろうか。やはり「ロマンティック派」と「楽譜に忠実派」の価値観がぶつかりあっている。もしクラシックのコンクールにスポーツ裁定のようなシステムがあったら、決定がくつがえるかどうかは別として、少なくともボジャノフは訴えてもよかったと思う。

弟子のヴンダーが第二位になったハラシェヴィチは、優勝したアヴデーエワに対しても苦言を呈している。

「彼女は非常に良いピアニストです。ただし、私の趣味からすると少々人工的に聴こえます。とても演奏レベルは高いのですが、彼女の計算しつくされた演奏が、私にはやや冷たく感じられました。ショパンの音楽を知的にとらえていて、あまり感情的でないから、作品から離れているように感じるんです」

私がアヴデーエワの東京でのリサイタル（二〇一四年一一月）を聴いたときも似た印象を受けた。解釈のパターンがわかると、次に何をするか見えてしまう。感心したことも事実で、さまざまな工夫、たとえば爆発的な音量をもたない弾き手がいかにうまく身体を使い、ダイナミックバランスを巧みに構築していくかということについては大いに参考になった。

ヤシンスキは次のような意見だ。

「いろいろな音楽解釈を示しましたが、ときどきいくつかリズムの面、たとえばテヌートやテンポの落とし方などで、過剰な解釈を加えていたように感じました」

フー・ツォンは、エキエル版が伝えるショパンの変幻自在な書法をアヴデーエワが完璧に再現したと称賛したわけだが、あまりに完璧すぎて、かえって「解釈の固定／過剰」を招いてしまったというところか。

アルゲリッチはアヴデーエワを積極的に評価している。

「たとえば、フー・ツォン氏がすばらしいショパン演奏者として知られているのは、紛れもないことです。彼は楽譜や自筆譜をよく見ていて、なんでも知っています。アヴデーエヴァ《ママ》もこのタイプの演奏家です。楽譜をよく読んでいて、自分が満足するような効果や強調を加えて演奏をするというようなことはしません」（とはいえ、彼女の通常のスタイルや演奏の好みとはずい

ぶん違うような気もする）

　ケヴィン・ケナーもその点は認めている。

「アヴデーエヴァ《ママ》の演奏からは、彼女の普段の楽譜との関わり方、楽譜に敬意を払うという信念が感じられました。ペダリングも何ひとつ楽譜を無視していない。だからこそ、彼女の演奏は単にきれいなだけでなく、美学を持って演奏をしているように感じられるのです。こうした演奏には敬意を払いたい」

　それぞれ個性は違うにせよ、大きく分ければ「楽譜に忠実派」のアヴデーエワとヴンダー、「ロマンティック派」のトリフォノフとボジャノフ。二〇一〇年の上位四名は、それぞれのバランスが絶妙に配分された結果となった。

第三章

第一次予選（二〇一五年本大会）

1 オープニング・セレモニー

二〇一〇年から持ちこされた「ロマンティック派」対「楽譜に忠実派」の戦いは、二〇一五年の第一七回ショパン・コンクールではどのような決着を見たのだろうか。

本大会は、二〇一五年一〇月、三週間にわたって開催された。通しのチケットは一年半前に完売してしまったらしいが、幸いコンクールの公式ジャーナリストに認定されたので、会場近くのアパートホテルに宿泊し、審査の全行程を聴くことにした。

審査の開始に先立って、一〇月一日、二日にはオープニング・セレモニーが催された。ここでは審査員の演奏を聴くことができる。歴代の出演者は必ずしもショパン・コンクールの優勝者ではなく、タチアナ・ニコラーエワ（第八回審査員。一九五五年のコンクールでは国内予選で敗れて出場できなかった）がバッハ、ポーランド出身の大ヴァイオリニスト、ヘンリック・シェリングがベートーヴェンの協奏曲を弾いたこともあった。なかでも印象深いのは、ポゴレリチ問題で揺れた一九八〇年のオープニングに出演したマルタ・アルゲリッチだろう。若いピアニストに負けじとすさまじいエネルギーを発散させたチャイコフスキー『ピアノ協奏曲第一番』は、今も語り草になっている。

二〇一五年の第一日は、国歌演奏、組織委員会のスピーチについで、審査員の一人ネルソン・ゲルナーが、ポーランド共和国の首相をつとめたこともあるパデレフスキの『ピアノ協奏曲イ短調』を演奏。オーケストラは、ヤツェク・カプシスク指揮ワルシャワ国立フィルハーモニー管弦楽団。休憩後は、『広島の犠牲者に捧げる哀歌』で知られるペンデレッキが、第一七回コンクールのために書き下ろしたオーケストラ作品が演奏された。二階バルコニーにはトランペットやホルンも並び、立体的な音響構造になっている。二〇世紀の作曲家なのに調性部分が多く、不協和音はたまに出てくるだけなのでびっくりしたが、一九七〇年以降のペンデレッキはネオロマン主義の作風に変化したというので納得した。

最後は、前回のオープニングにひきつづいてアルゲリッチが登場し、シューマン『ピアノ協奏曲イ短調』を演奏した。

ピアノの前に座ったアルゲリッチ、椅子を少し直してフーッと大きなため息をついた。これの意味するところは？　「このオケ（オーケストラ）と合わせるの、大変なのよー」かな？　なんとなくそんなふうに見えたが、正解だったらしいことはすぐに判明した。ワルシャワ・フィルは動きがぞろんと鈍く、とくに第三楽章はアルゲリッチの快速テンポについていけず、必死で追いかける展開で、事故寸前だったからだ。

しかしそれにしても圧倒的な演奏だった。冒頭の切なく、あえぐようなテーマに胸を衝かれる。響きを抑えた音で、かすかに鳴らしているだけなのにツーっとのびていく。大きく揺らしながらツボをはずさないルバート、ジャストなタイミングでのハーモニー付け。室内楽を通して培ってきた「音楽力」をまざまざとみせつけてくれた。

オープニング・セレモニー第二夜は一曲だけ。五楽章ある上に男性合唱までついてくるブゾーニの『ピアノ協奏曲』を、第八回（一九七〇年）の優勝者ギャリック・オールソンが弾く。

実はこれが聴きたくてオープニングからワルシャワ入りしたのだが、期待にたがわぬ奇曲&名演。第二章の1節で少し言及したブゾーニは、一九世紀末から二〇世紀初頭を代表するピアニスト兼作曲家で、バッハの編曲でも知られる。協奏曲が書かれたのは一九〇三〜〇四年で、ドビュッシーで言うなら『版画』と『喜びの島』の年。一応調性音楽なのだが、和音は絶えず半音上や下に移動し、さまよえるハーモニーという印象がある。

作曲者がリストを敬愛したヴィルトゥオーゾだけに、作品もリスト風に超絶技巧。オクターヴありトレモロあり連打あり、ややこしい重音のパッセージもあり。オーケストラだけでも十分厚いのに、最後は合唱にまで対抗しなければならないのだからソリストも大変だ。

オールソンは二メートル近い長身で、かなり高い椅子に座り、ひじをぶら下げて手首から先をくるりと回転させると、どんな困難なパッセージも苦もなく弾けてしまう……ように見える。

七五分もかかる上にほとんど出ずっぱりの協奏曲を暗譜し、見事に演奏したオールソンは、アンコールにショパンの小品を二曲。これがチャーミングでステキだった。

それにしても、ロマンティックなスタイルの代名詞のようなブゾーニと、これまた上下ずらすルバートで有名なパデレフスキ。彼らのような演奏からショパンを守るために創設されたはずのコンクールのオープニングで両者の協奏曲が演奏されるというのも、「ロマンティック派」が優勢になった第一七回を予見させるようなプログラムだった。

2　予備予選免除……

一〇月三日から第一次予選が始まった。会場はフィルハーモニー大ホール。座席は中央通路前。シートは予備予選のときの室内楽ホールより少し高く、足が浮いて座りにくい。ステージは何度となくショパン・コンクールのフィルムで見たもので、下手《しもて》の階段付近に電光掲示板があり、コンテスタントの名前と国籍、番号が映し出される。

音楽評論家下田幸二のレポートによれば、九月三〇日に演奏順のくじ引きがおこなわれ、「文化科学大臣が歩み出て、あっさりアルファベットの〝B〟を引いた」とのこと。以降はアルファベット順。二〇一〇年のときはコンテスタントが各自くじを引いたのだが、運営上の煩《はん》雑《ざつ》さを回避して二〇〇五年以前の方式に戻したようだ。

ポーランドのB三人組、イタリアのCCコンビ、ロシアのチスティアコーヴァ姉妹についで、韓国のチョ・ソンジンが登場。予備予選のときはやや表現の肌理《きめ》が粗く、オンとオフだけのような気がしたが、さすがに秋はきっちり仕上げてきた感がある。『ノクターン作品四八‐一』の最初の音から、この日稼働率の低かったスタインウェイが鳴りきっているのに感心した。情緒的なピアノでスケールと振幅が大きい。『練習曲《エチュード》作品一〇‐一』も『作品一〇‐一〇』も非常に入れ込んで弾いているのがわかった。『幻想曲』も活き活きした推進力でとてもよい演奏だった。

二日目は、事務局が定める主要国際コンクールと、ポーランド国内コンクールで第二位までに入賞した予備予選免除者が次々に登場した。

午前中のディナーラ・クリントンは二〇一三年パデレフスキ・コンクールの第二位。最初に演奏された『ノクターン作品四八‐二』はすばらしかった。メロディの細かい表情づけをバスが支える。訴えかけるような音、豊かで深い和音が印象的。そのあと、『練習曲《エチュード》作品一〇‐一』、『作品一〇‐一二』を弾き、力強い『スケルツォ第三番』で拍手喝采を浴びていた。

午後はポーランドのKKコンビ、クルピンスキとクションジェク。いずれも二〇一五年国内コンクールの同率第二位だ。二人のタイプはまったく異なり、前者は「楽譜に忠実」なスタイル、後者は解釈に凝るタイプで、『スケルツォ第一番』などあまりにデフォルメするので少し腹が立った。

ちなみに、二〇一五年国内コンクールの第一位は五日目に登場するアンジェイ・ヴィエルチンスキ。五月に開催された日本ショパン協会のフェスティヴァルでも最終日にマチネのリサイタルを組んでいた。ポーランド大使館から「優勝候補なので是非……」と推薦されたそうだが、取材に訪れた雑誌記者やインタビュアーは、演奏を聴いて何だかよくわからないという顔をしていた。ポーランドのコンクールだから仕方ないという考え方もあるけれど、もし浜松国際コンクールで、日本音楽コンクールの第二位入賞までを事前審査免除にしたら……。誰もが違和感をおぼえるのではないだろうか。

日本と韓国の両親のもと、アメリカに生まれたレイチェル・ナオミ・クドウは、二〇一五年マイアミの全米ショパン・ピアノコンクール第二位。ショパン・コンクールは三回目の挑戦だ。

エリック・ルーは同じ年のマイアミの優勝者。一九九七年生まれで、一二月に誕生日がきてやっと一八歳。大変な腕達者で何でも苦もなく弾いてしまうのだけれど、『ノクターン作品二七-二』でも『バラード第四番』でも、音がいつも同じ光り方で、曲想に応じて変化しないのが気になった。

主要国際コンクールの第二位までという特典は、過去三年間まで遡《さかのぼ》って適用されるらしい。三日目に登場する中桐望は、二〇一二年浜松国際コンクールの第二位で規定により予備予選免除となった。いっぽう、二〇〇九年の同コンクール優勝者で二〇一一年にはチャイコフスキー・コンクールで第三位にはいっているチョ・ソンジンは対象外となり、予備予選から出場したようだ。

3　スタインウェイかヤマハか

二〇一五年本大会の使用楽器はスタインウェイ、ヤマハ、カワイ、ファツィオリから選択できることになっていた。

スタインウェイは、世界のコンサートホールでもっとも使用頻度の高いスタンダートな楽器である。シュタインヴェーク（石の道という意味）というドイツのピアノ業者がニューヨークに渡って英語読みに姓を変え、一八五三年にスタインウェイ&サンズ社を設立、一八八〇年にはドイツ・ハンブルク工場を開設した。

ヤマハとカワイは日本の二大ピアノメーカー。ヤマハの前身、日本楽器は一八九七年の創業、一九〇〇年にピアノの製造を開始。二七年には河合小市《かわいこいち》が独立して河合楽器研究所を設立した。最新モデルのシゲル・カワイは創業者の娘婿、河合滋《しげる》の名を冠している。

イタリアのファツィオリは、一九四四年生まれのパオロ・ファツィオリによって一九八一年に開発されたごく新しい楽器だが、芳醇《ほうじゅん》な色彩感で急速に国際舞台に踊り出てきた。前回のショパン・コンクールでは第三位のトリフォノフがファツィオリを弾いて一躍名をあげたが、今回は二日目の最後に登場した中国のティアン・ルーしか選択しなかったため、三日目以降はステージに三台が置かれ、必要に応じて中央に運ばれてくる。

午前中に登場したロシアのロマン・マルティノフはスタインウェイ。独自の世界をもったピアニストで、『ノクターン作品二七－二』も彼が弾くと頽廃《たいはい》的な音楽に聞こえるから不思議なものだ。「黒鍵」の練習曲《エチュード》もまるでラヴェルの『夜蛾《やが》』のように神秘的に響いた。名前はロマンだが、あからさまにロマンティックにならないあたりが彼のロマンティシズムだろうかと、決して詠嘆調にならない『バラード四番』を聴きながら考えていた。

休憩後はウカシュ・ミコワイチクとパヴェウ・モティチンスキという二人のポーランド人で、前者はヤマハ、後者はスタインウェイを使用。二人とも「楽譜に忠実派」できっちり誠実に弾いていたが、その雰囲気をギリシャ＝ベネズエラのアレクシア・ムーサがひっくりかえしてしまった。使用楽器はヤマハ。特徴のあるおダンゴ頭に黒いドレス。のっけから超ハイスピードの『練習曲《エチュード》作品一〇－四』。まぁタッチの軽いことと軽いこと。コマネズミのようにまわる指にすっかり幻惑されてしまった。『作品二五－四』も跳躍が多くて難しい練習曲《エチュード》だが、よほど強靭《きょうじん》なバネの持ち主なのだろう、五条大橋の牛若丸よろしく見事に跳びうつる。和音をしっかりつかむので、瞬間的にハーモニーが聞こえてくる。『スケルツォ第一番』も目にもとまらぬ速さ。最後のスケールはノーペダルで弾ききり、客席は熱狂した。

つづく中川真耶加《なかがわまやか》は、騒然とした場内にはいってきてやりにくかっただろう。おまけに電光掲示板は四三番「Mouza」のまま。ジュネーヴとブゾーニに優勝した韓国のジョン・ムンが棄権したので間に合わなかったのだろうか（事前にわかっていたはずだが）。客席でやきもきしたが、とても安定感のあるよいステージだったと思う。この人もヤマハ。

『ノクターン作品二七－二』はよく歌う音で演奏された。腕の使い方がうまく、少し回転させるとおもしろいように楽器が鳴る。「三度」の練習曲《エチュード》も、ものすごいスピードで鮮やかに弾かれた。「木枯らし」も起承転結を巧みにつけたダイナミックな弾きぶりで、小柄な身体のどこにエネルギーがあるのかと思うほど。『舟歌』もしなやかでよい演奏だったが、総じてもう少し遠近感がつけられるとよかったかもしれない。

三日目の午後は、ずっと聴いていた一四列一一番（中央）ではなく、ジャーナリスト用の一二列二番（左端）に座ったので、最初のうちは耳が慣れなかった。ステージ中央に高さの変わるカメラが設置されており、上に伸びるとコンテスタントが見えなくなる。

トップバッターの中桐望は、浜松国際コンクールのときに第二次予選から聴き、ソノリティに感心したおぼえがある。決して爆音ではないのだが、ブラームスの『ピアノ協奏曲』もタッチを工夫して分厚いオーケストラと見事にわたりあっていた。今回も、弾きやすさと理想とする響きを求めて入念に楽器選びに臨み、スタインウェイを選択したと伝えきいているが、プログラムを通じて音が前に出ていない印象を受けた。座った位置によるのか、楽器との相性によるものなのかは、審査員席で聴いてみないとわからない（二〇一〇年審査員の小山実稚恵から、一階と二階ではずいぶん印象が変わるらしいときいたことがある。もっと言うなら、インターネット配信では本当の会場の響きはわからない）。『ノクターン作品三七－二』は、唐突な転調で弾き手も聴き手も悩ませる難曲だ。中桐は長い指を鍵盤にすべらせ、終始エレガントに弾いていたが、それぞれのシーンでもう少し色合いが変化したら、という思いが残った。

ポーランドのネーリングはヤマハを選択。『練習曲《エチュード》作品二五－七』のときは音が頭の上を通りすぎて行ってしまうような感じがしたが、『幻想曲』の途中から耳が惹きつけられた。手がとても大きく、和音やオクターヴがずしんと響いてくる。『練習曲《エチュード》作品二五－四』は逆に切れのよいタッチで超ハイスピードで弾かれた。スタッカートの和音が瞬間にハモり、横に連なって聞こえるのには感心した。

インドネシアのノエルジャディはヤマハ。予備予選ですっかりファンになってしまったのだが、『ノクターン作品二七－二』の歌いだしの音が、オンで出すときも翳らせるときもきれいにのびたので、ますますファンになった。アルペッジョをかき鳴らす『練習曲《エチュード》作品一〇－一』もきれいに倍音が出ている。『スケルツォ第二番』も楽器が鳴り切っていて気持ちよかったが、予備予選でも危なかった終盤で息切れしたのが惜しまれる。

休憩後、野上真梨子もヤマハ。スタインウェイという選択肢もあったが、弾きやすさを優先したとのこと。クリアで俊敏な指とノリのよさで聞かせるピアニストだが、『練習曲《エチュード》作品一〇-一〇』ではそれが裏目に出て、十分に和音が響かないうちに先に行ってしまうもどかしさがあった。『スケルツォ第三番』のコラールも、もう少し間をとって響きを聴けばあとの装飾が活きるはずだが、とにかくどんどん先に行ってしまう。少し緊張して身体が硬くなっていたのかもしれない。

ポーランドのノヴァクもヤマハ。予備予選のときは通過したのが不思議だったが、半年の間にずいぶん仕上げてきたものだ。『ノクターン作品二七-二』は弱音が美しく、伴奏のアルペッジョもハーモニーを決定づける音がさりげなく強調されているあたりが心地よかった。予備予選では崩壊しかけていた「オクターヴ」と「木枯らし」の練習曲《エチュード》も何とかクリア。客席ではブラヴォーもとびかった。

つづく小野田有紗は予備予選ではヤマハを弾いたが、秋の第一次予選ではカワイを選択。指ならしにノクターンから始めるコンテスタントが多いなか、いきなり最難曲の練習曲《エチュード》「三度」を完璧に弾き、聴き手の度肝を抜いた。左手のフレージングも独特で雰囲気のあるピアニストだ。『ノクターン作品四八-一』もシゲル・カワイ特有の柔らかい音を活かした演奏だったが、『バラード第一番』はやや粗い印象があった。

結局、この日のラウンドではヤマハが優勢だった。

4　アムランの一人勝ち

六日の午前はカナダのリシャール＝アムラン（以下アムラン）に尽きる。韓国のジニョン・パクも中国のティファニー・プーンも、ポーランドのパヴラクも予備予選のほうが好印象を持った。

イギリスのラジェシュクマールは、ときどき顔を客席に向け、まるでジャズのライヴハウスで弾いているような遊び心満点の演奏。『練習曲《エチュード》作品一〇‐一一』も「黒鍵」も、手すさびのような軽いノリで、あちこちの声部を強調して対話させたり。コンクールも楽しんでしまおうという一九世紀的なアプローチは審査員席にはどう伝わったろうか。

そんななか、アムランはきわめて正統的なアプローチにおしゃれな工夫をしのばせて、チャーミングなプログラムに仕上げていた。『ノクターン作品六二‐一』は、手のひらに包み込むような響きでやさしく、やさしく演奏された。『練習曲《エチュード》作品二五‐五』も軽やかで分散和音がよく響く。リズミックな曲だけれど、アムランが弾くと息の長いフレーズが聞こえてくる。

予備予選でも感心した『バラード第三番』にはさらに磨きがかかっていた。うっとりするようなイントロ（導入部）。アウフタクト（弱起。あるフレーズが小節の途中から開始すること）ではいってくるメロディの下で、それを受けるバスや和音の、ちょっとした間のとり方がセンスを感じさせる。中間部でも、右手のアルペッジョのあとに入れる左手のタイミングが絶妙だった。観客は大いに沸き、次のコンテスタントを紹介する係が出てきても拍手がなかなか鳴りやまなかった。

七日の午前セッションは、イギリスのウールマン、ポーランド国内コンクール優勝のヴィエルチンスキが聴衆の喝采を浴びたが、私は中国のチャオ・ワンがとても好きだった。使用楽器はシゲル・カワイ。このピアノがぴったりはまった。『ノクターン作品五五 - 二』は、切なく甘い音が聴き手を恋の世界に誘う。自然な情感の盛り上がりが胸を打つ。ラストは夢のようなグラデーションでうっとりしてしまった。『バラード第三番』は、アムランとはまた違った魅力があった。この作品は、一説には森の狩人を誘惑する湖の妖精《ようせい》の伝説を歌ったポーランドの詩人、ミツキエヴィッチのバラードにもとづいているという。真偽のほどは定かではないが、アムランが誘惑する水の精だとしたら、ワンはまさしく網にかかる純情な狩人。

ヤマハを弾いたイーケ・トニー・ヤンもすばらしいステージだった。弱冠一六歳のトニーは、ジュリアードの学生で、ダン・タイ・ソンにも師事している。非常に精密な指の持ち主で、『ノクターン作品二七 - 一』も『練習曲《エチュード》作品一〇 - 七』も極限までコントロールされたピアニッシモで聴衆の耳を惹きつけ、ここぞというときだけフォルテを出す。「木枯らし」も、フォルティッシモで開始してすぐにフェードアウトして霧のように弾く。エネルギーの消費をふせぐためだろう。そうかと思うと、完璧な指さばきでギラギラ音を出す。『幻想曲』を聴きながら、この人は才能があるかもしれないと思った。爆発的な音量は出ないが起承転結がはっきりしていて、内面的なパッション、集中力、音楽の推進力に長《た》けている。

今回は二〇一〇年のようなセミ・プロ集団ではないものの、日本の丸山凪乃、古海行子、チェコのシュヴァモヴァ、アメリカのエリック・ルー、カナダのダン・タイ・ソン門下のイーケ・トニー・ヤンにアニー・チョウと、一九九七〜九九年生まれの楽しみな逸材が揃った。

5　一二対五と一四対八の現実

一〇月七日、第一次予選終了後に結果発表があり、七八名中四三名が第二次予選に進んだ。なんだかずいぶん減ってしまった。どう考えても数人足りないような気がする。

イタリアのCCコンビは合格してよかった。でもチスティアコーヴァ姉妹は姉ガリーナだけ。これは辛《つら》い。韓国のチョ・ソンジンとチホ・ハンは当然。イギリスのウールマンも順当。アシュレイ・フリップとラジェシュクマールはあえなく撃沈。ハンガリーのジョンジョーシ、ギリシャ＝ベネズエラのムーサ、中国のジー・チャオ・ユリアン・ジア、チー・コン、チャオ・ワン、クロアチアのユリニッチ、ロシアのシシキン、タラソヴィチ＝ニコラーエフは合格。韓国のジニョン・パク、スヨン・キムも合格。でもイェダム・キムはダメだった。どうしてだろう。

イエダムはアンリ・バルダの生徒の一人。彼女がパリ音楽院で学んでいたころ、バルダのクラスにはもう一人韓国人学生がいて、「私の韓国娘たちは天才だ」と自慢していた。一人はH-J・リムとして国際的に羽ばたいたが、イエダムはまだコンクールを受けている。喜びと哀しみの交錯を間接音で巧みに表現した『ノクターン作品三七-二』、ハーモニーの陰りが美しかった『スケルツォ三番』は魂のこもった演奏だったと思う。

アメリカのレイチェル・ナオミ・クドウ、ケイト・リウ、エリック・ルーは合格。カナダはアニー・チョウとアムラン、イーケ・トニー・ヤンと三名も合格。変わり種組ではフランスのハンセンとラトヴィアのオソキンスはいったのにロシアのマルティノフは落ちてしまった。

アジア勢は仲よく五名ずつだったが、比率が違い、もっとも打率のよかった韓国は八人中五人、日本は一二人中五人、中国は一三人中五人。書類・DVD審査の合格者もアジアは二五名前後で揃えてきたので、このあたりは偶然ではないだろう。日本人合格者は有島京《ありしまみやこ》、小野田有紗、小林愛実、須藤梨菜《すどうりな》、中川真耶加。

ポーランドはDVD審査合格は二三名だったが、予備予選で一二名が残り、ここに国内コンクールの第二位までの三名（第二位は同率）を加えた一五名から、一人棄権で一四名。コンテスタントたちの間でもポーランドの打率のよさが話題になっているようで、第一次予選で八〇パーセントは受かるのではないかと冗談まじりにささやかれていたらしい。第二次予選に進出したのは八名だから半数以上が合格しているわけで、やはり多いという印象がある。なかでもクルピンスキやノヴァク、ヴィエルチンスキの通過には首をかしげた。

「ショパン・ピアノ・コンペティション（Fryderyk Chopin Piano Competition）」は、コンペティションが「ピアノ」にかかるのか「ショパン」にかかるのか、いつも議論になる。「ピアノ」にかかるのであれば、練習曲《エチュード》や難しいパッセージが本当には弾けていなかったりミスが出たりするのは命とりになる。その観点からすればポーランドはあと三〜四人は減っていただろう。

では「ショパン」にかかる場合はどうなるか？　ポーランド人コンテスタントたちは、ミスを補ってあまりあるほどショパン作品のすぐれた解釈を示したのだろうか。たしかにクルピンスキやノヴァクのノクターンはよかった。しかし彼らの「木枯らし」の練習曲《エチュード》はかなり苦しそうだったし、技術不足のためにテキストをゆがめているとも感じられたのだ。ヴィエルチンスキに至っては、『ノクターン作品九-三』もあまり美しくなかったし、「木枯らし」は、出だしこそ快調だったが難所にさしかかるとだんだん遅くなるという珍現象が起きていた。

いっぽうの日本勢。古海行子が弾く『ノクターン作品六二-二』は瑞々《みずみず》しい抒情に溢れ、『練習曲《エチュード》作品一〇-七』もリズムに乗った爽やかな演奏だった。『幻想曲』をスケールの大きさを保ったまま弾ききる集中力にも感心したが、もう少し遠近感というか、からみあう二本の線とか、ソプラノとバスの色わけができるとよかったように思う。

竹田理琴乃はニュアンスの変化に富む『ノクターン作品二七-二』を奏で、練習曲《エチュード》もダイナミックな『作品一九-四』、遊び心に満ちた『作品二五-五』とレヴェルが揃っていた。

三重野奈緒の『ノクターン作品二七‐二』も、柔らかな音色と包みこむようなアルペッジョが印象的だった。『練習曲《エチュード》作品一〇‐八』や『作品一〇‐二』はクリアなタッチで活き活きと、『スケルツォ第四番』も浮き立つようなリズムで楽しげに弾かれた……ように思ったのだが、極度の緊張からか、演奏開始前から涙が止まらなかったらしい。

木村友梨香も、柔らかい音でしっとりと歌われた『ノクターン作品六二‐一』、若さを爆発させた『スケルツォ第二番』、きらめく右手とはずむリズムで鮮やかに弾いた「黒鍵」の練習曲《エチュード》が魅力的だった。「オクターヴ」の練習曲《エチュード》もよく弾けていたが、内声とバスの支えがもうひとつ希薄だったか。

ポイントで一番惜しかったのが最年少の丸山凪乃。あとで判明したところ手首の骨にひびがはいるというアクシデントを押してのステージだったようだが、『ノクターン作品四八‐一』は、訴えかけるようなメロディとそれを支えるバスと和音のバランスとタイミングが絶妙で、すぐれた音楽のデザイン能力を感じた。『練習曲《エチュード》作品一〇‐八』も「三度」の練習曲《エチュード》も、音楽的にも技術的にも見事に弾いてのけたと思う。

大本命だった中桐望、二度目の挑戦になる野上真梨子ともども、選曲や当日のコンディション、演奏順などほんの少しのことが勝敗を分けたように思う。

コラム　調律師たちの努力

ＮＨＫ－ＢＳ１で、各楽器メーカーの調律師たちの二週間を追う『もうひとつのショパンコンクール――ピアノ調律師たちの闘い』という番組を放映していた（二〇一五年一二月二三日）。

ピアノは、調律・調整次第で驚くほど変わる。コンサートのときは、まず二時間調律してもらったあと、リハーサルでプログラムを弾き、あれこれ注文をつけて好みのタッチや音に仕上げていく。ステージでは本当の響きはわからないので、会場内で誰かに聴いてもらい、その感想をもとに微調整する。

コンクールではこのプロセスがないので調律するほうも大変だろうと思い、ヤマハの花岡昌範に話をきいてみた。

コンテスタントは本当に千差万別で、柔らかい音が好みの人も硬い音が好みの人もいる。軽い鍵盤でなければ弾けないというピアニストもいれば、ある程度弾きごたえのある鍵盤を要求するピアニストもいる。

同じメーカーのピアノがつづけて弾かれる場合は、どうしても荒れてくる。空調がはいって湿度が変わるとまた狂うし、タッチの深さ浅さまで変わってしまうので、そこまで見越して調整しなければならない。ネット配信と会場では聞こえかたが違うので、審査員席にもっともよい音が届くように、本人の弾きごたえも考慮しながら……等々。

とにかく限られた時間内で、なるべくそれぞれの持ち味を活かせるような調律を心がけるらしい。

インドネシアのノエルジャディのエピソードがおもしろかった。タッチではなく、ペダルの調整を変えてほしいと依頼されたのだという。

音の響きを豊かにするラウドペダルにもいろいろな踏みかたがある。ほんの少し足を乗せてうるおいをつけるペダリングから、中央でふるわせるヴィヴラート・ペダル、踏み込んでから浮かせるハーフ・ペダルなどさまざまなテクニックがあり、どんな微細なコンタクトにも反応するように調整するのが普通である。しかし、ノエルジャディは細かいペダリングの経験がないらしく、足を乗せただけでペダルが効いてしまうのは困る、半分以上踏み込んではじめて音が残るように、もう少し遊びを大きくしてほしいと注文をつけてきた。

それからが大変である。単純にネジを緩めるだけではすまない調整だったので、技術者が三人がかりでピアノの下にもぐり、ペダルを外し、アクションも引き出して作業をした。

演奏はうまくいき、本人も満足したが、次もヤマハを弾くコンテスタントだったので、休憩の一五分間にもとに戻したという。

第四章

第二次・第三次予選（二〇一五年本大会）

1　正統派か異端か……

一〇月九日から第二次予選が始まった。練習曲とノクターンでベーシックな能力をテストする第一次予選と違って、①四曲ずつのバラードとスケルツォ、『舟歌』『幻想曲』『幻想ポロネーズ』からの一曲と、②ワルツと③ポロネーズという舞曲が必須《ひっす》課題（制限時間内で自由曲を弾いてもよい）。音楽性と構成力、そしてリズム感とセンスが問われるラウンドになる。

午前中に登場した韓国のチョ・ソンジンは大変気合のはいったステージだった。『バラード第二番』では、多くのコンテスタントが息もたえだえになるラストも余裕で弾いてのける。『ワルツ作品三四 - 三』もさすがの軽やかさで楽しく聴いた。自由曲では、「葬送」の通称で知られる『ソナタ第二番』を選択。あまり悲劇性は感じられないけれど、集中力のあるよい演奏だった。とくに、第三楽章の葬送行進曲からカンティレーナに移り、最初はピアニッシモ、次に少し訴えかける音で、最後は聞こえるか聞こえないかの ***ppp***（ピアニシッシモ）。再び行進曲が近づいてどんどん前に出てくるあたりの演出が見事だった。

午後は女装の「麗男」（？）ジー・チャオ・ユリアン・ジアが登場。予備予選のときはアンガールズの山根に似ていると冗談を言っていたのだが、半年で磨きがかかり、肌が抜けるように白くてきれいだ。

第二次予選のプログラムでは、『アンダンテ・スピアナートと華麗なる大ポロネーズ』に指先のテクニック不足が出てしまった感がある。長い髪をゆらしながらのポロネーズは元気がいいが、右手の装飾は音の粒が揃わず、音楽が高揚してくると上からおしつけるので、スパーンと音が通ってこない。この点では、最後に弾いた韓国のスヨン・キムが数段すぐれていた。

韓国のチホ・ハンも同じ曲だが、こちらはポロネーズのリズムに遊びがなく、ベルカントの即興を模した装飾を全部拍の間におさめてしまうので、息がつまりそうになる。

隣に座っているフランス人がしきりに怒っているので休憩中に話したところ、この人はエリザベス・シュネイテルというポーランド系の音楽ジャーナリストで、フランスのウェブサイトにコンクールのレビューを書いているという。「どうしてコンテスタントはみんなショパンの演奏に必要なルバートをせず、バッハかベートーヴェンのように弾くんだ⁉」ときかれ、考えてみればそういう傾向はあるかもしれないと思った。

第二次予選の最初に出てきたポーランドのビルディは、第二次世界大戦後の「ノイエ・ザッハリヒカイト」全盛時代のベートーヴェンのような「不動のショパン」だったし、イタリアのカンドッティは「ショパンはバッハだ」と公言しているらしい。たしかにショパンはバッハを尊敬していて、書法にもたくさんバロック的要素があるけれど。

今回のコンクールの審査委員長をつとめるポポヴァ＝ズィドロン門下の演奏を聴くと、あまりテンポを動かさない「ザッハリヒ」な解釈が好みらしいことはわかる。エリザベスにそのことを言うと、門下生はせいぜい五人ぐらいでしょう？　と反論してくる（正確には六人で、そのうち四人が第二次予選に残っている。第二章でもふれたように、審査員は、直接師事した生徒には「S」申請をして採点からはずれる決まりがある）。

しかしポーランドの先生たちは国内外で講習会を開いていて、ポーランド人コンテスタントの経歴には、マスタークラスで師事した、つまりレッスンは受けたが門下生ではないので採点してもらえる審査員の名前がずらりと並ぶ。たとえば、予備予選でポーランド人審査員の評価が高かったビルディは、マスタークラスで習った先生としてヤシンスキ、ポポヴァ＝ズィドロン、オレイニチャク、アレクセーエフの名前を挙げている。

日本では「ショパン国際ピアノ・コンクール in ASIA」の派遣コンクールとそれにともなう講習会で、かなりの人数のコンテスタント予備軍がポーランド人審査員にレッスンを受けているはずだと言うと、それではポポヴァ＝ズィドロンは自分の解釈や指導法についてDVDでも発売しているのかときかれる。そんなことはないけれど、コンクールの傾向と対策は何となく口コミで伝わるものだ。

何しろ、コンテスタントも彼らを指導する先生たちも必死なのだ。

第一次予選で敗退したイェダム・キムがしみじみ言っていた。審査員の誰かに習っていたら、少なくとも面識があったら少しは違うだろう。でも自分は誰のことも知らない。各地で講習会があることは知っているが、お金がないので受けに行けない。

そのキムと同じくアンリ・バルダ門下で第二次予選に残っているフランスのオロフ・ハンセンは、コンクールの傾向と対策にはいっさいおかまいなく、自分の解釈も固定せず、その場でひらめいた音楽をやるという天才肌で、フランス人ジャーナリストのエリザベスが推奨するピアニストだ。双眼鏡で見ていると、どうして弾けるのかわからないような奇妙な手つきで、私の本のタイトルではないが「指先で考える」ピアニストの正反対。音楽が先行し、手指はそれについていくというタイプだ。いきおい、まったく傷がないわけではなく、エリザベスも演奏終了後、「ミスタッチは許容範囲内だったか？」と心配そうにきいてきた。

『幻想ポロネーズ』は、抑えても抑えても溢れ出てくるものをすさまじい勢いで紡いでいく独特の演奏。グレン・グールドと同じように両肩を締めているので、コーダが弾きにくそう。絞り出すような『ノクターン作品六二‐一』も、グールドそっくりにひじを上げてメロディを弾く。ピアニッシモに情念がこもっていた。

隣のエリザベスは『ポロネーズ嬰ヘ短調』で泣いていた。どす黒い和音で始まり、パッションをぶつける主部。ミリタリー調の中間部で、打楽器的なパッセージがイ長調でふっと和らぐあたりだったと思う。幸せな雰囲気に忍び寄る悲劇。強烈なスケール。なんというドラマだろう。少しのほころびを糾弾されるか、正統的ではない奏法、特異なアプローチに拒絶反応を示されるか。コンクールというものをよく知るエリザベスは、彼が第三次予選に残ってくれればそれだけで満足だと言っていた（しかし、実際には通過できなかった）。

2　舞曲のラウンドは難しい

第一次予選は練習曲《エチュード》が中心だったとすると、第二次予選はワルツとポロネーズが核になってくる。自由曲もワルツを選択すれば「ブンチャッチャッ」、ポロネーズを選択すれば「ターンタカタッタッタッタッ」というリズムだらけのステージになるわけだ。

一九八〇年、ポゴレリチ問題が起きた年は第二次予選でポロネーズ、第三次予選でマズルカを弾くことになっていて、彼の舞曲の解釈がポーランド人審査員の拒絶反応をひき起こした。私はマズルカには疎いのだが、過去にショパンを含むいろいろな作曲家のワルツ集のCDを出しているので、コンテスタントの演奏を聴いて「これはワルツになっていない」と感じることはある。それが正しいかどうかはまた別の問題だが。

恩師安川加壽子はパリ育ちで、ワルツがとても上手だった。フランスの小学校では体育の授業で社交ダンスを教えていたらしく、安川もひととおりのステップは習ったという。

ショパンはウィンナ・ワルツ全盛のころウィーンに滞在し、演奏活動がうまくいかずに悩んでいたころに初期のワルツを書いた。「僕のワルツはこれで踊るためではない」と手紙に書いたように、あくまでも芸術的な作品だと主張しているが、二拍目を少し前に出して三拍目との間をあけるリズム特性まで変わるわけではないだろうし、形式的にも、初期の作品はいわゆる「ワルツの鎖」を踏襲している。

私が「ワルツではない」と感じる演奏は、たとえば、ワルツのリズムを刻む左手のバスがきちんとはいっていないもの。これでは最初のステップが踏めない。二拍目と三拍目の和音をメロディのように歌うケースもよくみかける。これでは足がもつれそう。

舞曲の専門家ではない私ですらこんなふうに気難しくなるのだから、ポーランドの教授陣は「これはマズルカではない」と感じることがずいぶんあるのではないかと推察する。ポゴレリチのマズルカやポロネーズに二五点満点で二点や三点をつけてしまった審査員の心情も少しはわかるような気がする。

第二次予選の二日目は、コンテスタント用に用意された三階席で聴いていたので、身を乗り出すと二階の審査員席の様子が見えておもしろかった。

トップバッターのディナーラ・クリントンは、『練習曲《エチュード》作品二五』の最初の六曲のソノリティがすばらしかった。霧のような一番、右手と左手が見事に弾きわけられている二番、舌をか

3階席から見た2階の審査員席

みそうなトリルが軽やかに弾かれた三番、極上の軽さで和音がとびかった四番。洒脱な五番、音の粒がよく揃う「三度」。あまり感情移入せずに淡々と弾き、響きのグラデーションで勝負するタイプだ。

彼女が『ポロネーズ嬰ヘ短調』を弾いている間、フランス人審査員のアントルモンは自分も指でリズムを叩いていた。コーダも一緒に弾いていた。ところが、「子猫のワルツ」こと『作品三四-三』になったとたん、フランス人特有の「こりゃダメだ」というジェスチャーで手を後ろにふり、リズムをとらなくなった。

一九八五年に優勝したブーニン以来、このワルツを一小節一拍子で弾くピアニストが急増し、一九三四年生まれのアントルモンはそれが気に入らないのだろう。

午後の部の最後に登場したギリシャ＝ベネズエラのムーサが弾く「子猫のワルツ」も完全に一拍子で、指さばきもやや粗く、アントルモンはずっと横を向いていた。

やはり午後の部に出てきた中国系アメリカ人ケイト・リウも「子猫のワルツ」を弾いたが、なんとテンポが三種類あった。最初はブーニンのように一小節一拍子、つまりものすごいスピードで弾き、途中でテンポをゆるめて三拍子にして、二拍目と三拍目の間をあける。ふと審査員席を見たら、アントルモンが左を向いて横の審査員に何か言っている（演奏中、ほとんどの審査員は一心不乱にメモを取りながら聴いているが、一部の審査員は隣と話したりもしている）。ケイト・リウはさらにテンポを遅くしてペダルを踏み、スローワルツにしたあと、コーダでいきなり三倍にテンポを上げ、抜群にまわる指で稲妻のごとく弾ききった。

つづいて登場したエリック・ルーは、ウィンナ・ワルツ風の『ワルツ作品三四－一』。この人はどこか気だるそうに弾くのだが、ファンファーレのようなイントロ（導入部）も気だるそう。ところが、ワルツ部分になったら一転して軽快な指さばきで左手をポンポンはずませて弾く。ペダルを踏まないときに爪先をすっと上げるのが印象的だった。舞踊系は得意らしく、二拍目と三拍目の空気の入れ方がうまい。コーダではどんどんテンポをあげ、ラストだけブレーキをかけた。めちゃくちゃおしゃれ。

アメリカ国籍のレイチェル・ナオミ・クドウの『ワルツ作品三四－一』もステキだった。イントロでは「これから舞踏会が始まります」というような華やかな雰囲気がぱっとひろがる。ワルツの鎖ごとに表情とテンポを変え、色っぽくたゆたわせたり、くるくるまわったり、エンターテイナーだなあと感心する。クドウは自由曲も『ワルツ作品一八』を選択していた。メロディとリズム部分をきちっと弾きわけ、鳥のさえずりのような装飾は物哀しくてよい。リズムの遊びが自在で、私などは「これぞワルツ！」と思った。

対してポーランドのクルピンスキの『ワルツ作品一八』は、細かい音がはっきりせず、連打音もつまって聴こえたし、リズムもはずまなくてさっぱりおもしろくなかった。

やはりポーランドのクションジェクのワルツは『作品四二』。二拍目と三拍目で靴の爪先が上がるのがおもしろかった。自由曲では『マズルカ作品七』を選択していて、さすがに聴かせる演奏だった。この人は解釈過多で、第一次予選のときはあまり好きではなかったが、転調につぐ転調で一筋縄ではいかないマズルカでは、テキストの深読みが必要かもしれない。一番の中間部はぞくぞくしたし、二番も奇妙な転調に耳が惹きつけられた。手元に楽譜がないのだが、装飾は彼のオリジナルだろうか？　三番はリズムが独特で、二拍目で跳ねあげて三拍目を引きのばす。四番はさまよえる調性の典型のような曲で、唐突な転調がよくわかる好演だった。

3　オソキンスの椅子

日本人でもっとも有名なコンテスタント小林愛実は、二〇一五年九月で二〇歳になったばかりだが、キャリアの長いピアニストだ。早くから天才少女と謳《うた》われ、小学校四年生のとき学生コンクール全国決勝大会で優勝。これは学生コンの歴史で初という。以降、パリ、ニューヨーク、モスクワ、ワルシャワ等でコンサートを開き、「アイミ・コバヤシ」の名は世界に轟《とどろ》いている。一四歳でEMIクラシックスと契約を結んだ。デビュー・アルバムがリリースされたときは、サントリーホールのブルーローズ（小ホール）での発表イヴェントに出かけていったおぼえがある。

四月の予備予選で聴いた小林は、一四歳のときとあまり変わらない印象だった。強靭なバネを武器にモノに憑《つ》かれたように弾くと、理屈ではない音楽がほとばしり出る。フォルテを出すときは極端な前傾姿勢で体重をかけ、しばしば腰を浮かせて弾いていた。この奏法では、本来重さをのせるべき指の第三関節（手の甲とを隔てる関節）が十分に育たないため、楽器がきちんと鳴らないうらみがある。小林もこの点に留意したか、秋のコンクールでは背筋をすっとのばし、すっかり大人の弾き方に変貌《へんぼう》をとげていた。

座り方を工夫したからには、椅子の高さにも敏感になるだろう。予備予選で小林が選択したスタインウェイにはスツール型の椅子がついていたが、秋の本大会はすべて油圧式で統一されていた。日本の女性ピアニストはおおむね体重不足で、座ってレバーを押しただけではなかなか下がらないらしい。小柄な小林も第一次予選から悪戦苦闘していた。立ち上がってポンポン叩いていたら拍手が来てしまい、そのまま弾いたが、実はもう少し下げたかったという話をヤマハの人にきいた。

第二次予選でもレバーを気にしていたら、係が助けにやってきた。この日のプログラムでは、『前奏曲作品四五』がスピリットにはいった演奏で聴きいった。ラヴェル風のクリアなサウンドで、かすかなきらめきを帯びたアルペッジョが歌い紡がれていくと、少し魔法にかけられたような気分になる。この音でラヴェル『鏡』を聴いてみたい。

　コンテスタントたちが油圧式の椅子に苦労するなか、ラトヴィアのオソキンスは低い「マイ椅子」を持参する。この椅子でオソキンスがヤマハから引き出す音は……この世のものとも思えない不思議な光を放っている。『舟歌』のイントロからして独特の揺らし方、怪しい響きで耳を惹きつける。イ長調部分はとろけるように甘く、重音は蜃気楼《しんきろう》のような響き。ゴンドラ部分で審査員席を見たら、アルゲリッチが左手で拍子をとっていた。

　次は『マズルカ風ロンド』。すばらしい切れ味。リズムは変幻自在で右手がくるりんと回転して左手が受け止めるところ、上から三度の嵐が降りてくるところ等々、魅力満載。オソキンスが弾きだしたとき、審査委員長のポポヴァ＝ズィドロンが、隣の音楽学の審査員と何か話しているのが見えた。こんなのショパンじゃない、ということにならないとよいのだが。

　『マズルカ作品四一－四』につづいて『作品五〇－三』。哀しげな出だし。極上のピアニッシ

オソキンスの椅子

シモで左手がからむ。楽しげにはずませるところ、憂愁に沈むところ。異名同音で変換する音がなんと細く長くのびていたことか。こんなふうに弾いてもらったら楽器も本望だろう。「子猫のワルツ」ではまたアントルモンが両手を広げた。インタビューをしたら、「誰も真実のテンポでこのワルツを弾かない」と言うのではないだろうか。でも、アルゲリッチは楽しそうに身体を揺らしている。

最後の『英雄ポロネーズ』が圧巻だった。ポロネーズは一拍目によりかかり、思いきり身体をそらせるとズワーンという音がする。たっぷり時間をとって後のリズムを「タタタッタッタッタ」と弾ませる。オクターヴの連続はあまり速くなく、だんだん近づいてくる感じを出す。上声はきちんとメロディ・メーキングされている。ボリュームを上げると地鳴りのような音がする。演奏後の拍手も地鳴りのようだった。

つづく韓国のジニョン・パクもとてもよい演奏だったのだが、オソキンスの凄演《せいえん》のあとでは集中して聴くのに少し時間がかかった。

三日目の最後に登場したタラソヴィチ゠ニコラーエフは、二〇一五年八月にカワイ表参道の「ロシアン・ピアノスクール in 東京 2015」のゲストに招かれたとき、今回のプログラムの一部を弾いている。『スケルツォ第三番』はまだ譜読みしたてとのことで、左手の単音スタッカートでつっかかってしまい、講師のアンドレイ・ピサレフ（モスクワ音楽院教授）に「ショパン・コンクール間に合うの？」と冷やかされていた（直後はイギリスのリーズ国際コンクールに

アルセニー・タラソヴィチ＝ニコラーエフ

出場していたので、準備はそれからだったはずだ）。

解釈には一家言もち、先生がそこはあまりに自由すぎないか？　と指摘しても、これこれこういう理由でこのように弾いているのだと理路整然と説明する。さすがニコラーエワの孫だけあると感心したものだ。

全体に音楽が暗め。『華麗なるワルツ作品三四－一』もあまりに思索的で、舞踏会の華やかな情景は浮かんでこない。ラストのパッセージは最初の音だけ鐘のように響かせて、とてもきれいだった。『華麗なるワルツ作品三四－二』はタラソヴィチ＝ニコラーエフにぴったりのワルツ。ワルツの鎖の二番目、最初は長調で同じ旋律が短調で歌われ、二回くり返される。その二回目、長調部分を強く、間をおいて短調部分を消え入りそうなピアニッシモで弾く独特の解釈。

最後は『スケルツォ第三番』。問題の箇所はやや自信なさげに慎重に弾かれたものの、無事通過。コラールはオルガンを思わせる深い響きで、キラキラした装飾句が挿入される。まだ若い感じはしたものの、充実した音で弾ききり、さかんな拍手を浴びていた。

4　そして誰もいなくなった

ワルシャワ時間の一〇月一二日二二時に、第三次予選に進出する名簿が発表された。日本人は小林愛実ただ一人。韓国三名（チョ・ソンジン、チホ・ハン、スヨン・キム）。アメリカ三名（タルタコフスキー、ケイト・リウ、エリック・ルー）。ポーランド三名（クションジェクとクルピンスキ、ネーリング）。カナダ二名（リシャール＝アムランとイーケ・トニー・ヤン）。ロシア二名（ガリーナ・チスティアコーヴァとシシキン）。あとは一名ずつで、イタリア（カロッチア）、クロアチア（ユリニッチ）、ラトヴィア（オソキンス）、ウクライナ（クリントン）、チェコ（コジャック）、中国（ズー・シュー）。

フランスのハンセンも、ロシアのタラソヴィチ＝ニコラーエフも、イギリスのウールマンも、ギリシャ＝ベネズエラのムーサも、ハンガリーのジョンジョーシも、中国のジー・チャオ・ユリアン・ジアも姿を消してしまった。

タラソヴィチ＝ニコラーエフは解釈が独特で評価が分かれた可能性があるが、秘めているものは限りない。第三次予選で『ソナタ第二番』を聴いてみたかった。ウールマンは非常に端正なピアノで演奏の質は高く、第二次予選で落とすべき人ではなかったように思う。

中国の三人、チー・コン、チャオ・ワン、チェン・チャンが落ちたのも信じられない。とくにチェン・チャンはすばらしいステージだったと思う。『幻想ポロネーズ』のイントロ（導入部）で一瞬違う音を弾いてしまい、弾き直した。しかし、そのくらいのミスなら、合格したコンテスタントにも散見された。たとえば、アメリカのタルタコフスキーは、『ワルツ作品三四－一』イントロのあるパッセージをそっくり横にずらして弾いてしまった。音楽的にも、『ノクターン作品六二－二』の中間部から再現部への移行など、どこか辻褄《つじつま》が合わない感じがした。音楽を緊密に構築していくチェン・チャンには、そういうことは起きない。決してスケールの大きなピアニストではないが、音楽の集中力、構成力、秀でた音楽性は群を抜いていたと思う。第三次予選で彼のピアノが聴けないと思うと本当に残念だ。

チャオ・ワンはセンシティヴなピアニストで、ショパンに適していたと思う。『ノクターン作品二七－一』はすばらしい出だしだった。メロディがのびている間に刻々と左手の色が変わり、心理の移ろいが恥ずかしがり屋のつぶやきに託して語られる。『作品二七－二』はもう少し心を開いて歌うノクターンだ。微妙な色合いの変化、リズムの〝間〟。シゲル・カワイから引き出されるしっとり露を含んだカンタービレがたとえようもなく美しかった。

ポーランドのKKコンビはそろって合格。クションジェクのマズルカはよかったが、『幻想曲』は爆音の上にミスが多く、解釈にも拒絶反応を起こした。クルピンスキは指さばきに問題がある上に音楽がさっぱりおもしろくない。

「楽譜に忠実派」がよいかと思うとチェン・チャンやウールマンが落ちるし、「ロマンティック派」ではムーサやタラソヴィチ＝ニコラーエフが落ちるし。コンクール全体を見ても、どんなピアニストを求めているのか今ひとつよくわからない結果だった。

5　オロフ・ハンセンとチェン・チャン

第二次予選の翌日は空き日。午前中はカワイ楽器から提供されたショパン音大の練習室で、帰国後の一一月に予定しているコンサートのプログラムをさらった。しばらく指を動かしていないと、何だか泥のなかを這《は》っているような感覚。防音は万全ではなく、隣の音も聞こえるので、周り中がショパンを弾いているなか、ドビュッシーなど練習してよいのかと思ったりする。

夕方は、フランス人ジャーナリストのエリザベス・シュネイテルに誘われて、コンテスタントたちが宿泊しているノヴォテル・ワルシャワ・ツェントラムでオロフ・ハンセンに会った。演奏スタイルからどんな変人かと思ったら、素顔は気さくな好青年だ。

一九九〇年生まれの二四歳。パリ音楽院でジョルジュ・プルーデルマッハーとミシェル・ダルベルトに師事。二〇一三年に一等賞を得て卒業。現在はエコール・ノルマル音楽院でアンリ・バルルダに師事している。なんと、ワルシャワが初めての国際コンクールだったとのこと。

よく書類・DVD審査に受かったものだ。予備予選では『バラード第四番』のコーダでミスがあって心配したが、無事通過。秋のプログラムはそれから準備して臨んだそうだ。

オロフ・ハンセンといえば低い椅子に座り、背中を丸めて首を肩の間につっこんで弾く特異な姿勢が目をひく。自宅で弾くときはよい姿勢で弾くこともあるのだとか。といっても、自宅にはピアノがなくショパン・コンクール前は両

ショパン音大の練習室

親の家で練習したとか。まぁ、なんという人なんでしょうね、君は。

エリザベスは、せっかくショパンで第二次予選まで行ったのだから、もうひとつぐらい国際コンクールに出なさいとけしかける。そのためには審査員の面識を得ておいたほうがいいから、どこで誰がマスタークラスを開いているか調べて……、キャリア・アップをはかるためにパリで演奏会を開いたほうがいいから、誰それに頼んで……等々、すっかりマネージャー気分になっている。

本人は頭をかきながら、もう少しテクニックの勉強をしないと……などとあまり積極的ではない。お辞儀の練習もしないとね、とエリザベス。何しろオロフは弾きおえると申し訳なさそ

うにぴょこんと頭を下げ、挨拶《あいさつ》もそこそこにかけ足で立ち去ってしまうのだ。

オロフの演奏の魅力をどう説明すればいいのだろう。彼が弾く『ポロネーズ嬰ヘ短調』で「ワルシャワ・フィルハーモニー」の空間と私のなかに起きたドラマは、ネット配信で本当に伝わるだろうか。何か特別な、忘れがたい時間だった。

オロフは翌日パリに発《た》つそうで、最後の夜は中国のチー・コンと食事をすると言っていた。私のほうは、音楽ジャーナリストの森岡葉に誘われて、彼女が翻訳して話題を呼んでいるインタビュー集の著者、台湾の評論家焦元溥と、やはり中国のチェン・チャンと食事する。

チェン・チャンは一九八九年一二月生まれの二五歳。深圳で名伯楽のダン・ジャオイー（ユンディ・リやサー・チェンを育てた）に師事したあとアメリカに留学。さらにベルリンでクラウス・ヘルヴィッヒのもとで研鑽《けんさん》を積んでいる。二〇一五年も優勝者を出さなかったクララ・ハスキル・コンクールで、二〇一三年に中国人初の優勝者となった。

チェン・チャンは、焦元溥と会うのは今回が初めてだが、五年前、彼のFacebookに投稿して、ショパンの『幻想ポロネーズ』について意見を求めたという。とても勉強熱心なピアニストで、私にまで、ショパンの『ソナタ第三番』についてどう思うか、二番と三番ではどのように違うかときいてきた。彼は第三次予選で両方を弾くことにしていたのだ。

なぜ二曲のソナタをプログラミングしたのかきいてみたら、両方の弾き分けに興味があったという。以前は二番のほうが肌に合う感じだったが、今は三番が好きらしい。より本能的な二番とより構築的な三番。間に『マズルカ作品五六』をはさんでどんなステージになっただろう。

　チェン・チャンが一番好きな作曲家はシューマンで、ショパンにはやや苦手意識があるようだ。彼の演奏を聴いていると、音楽という巨大な海を抱え、一滴もこぼさないように保ちつづけようとする強い意志を感じる。流れにまかせたり、波のまにまに漂っていたほうが楽だし、目先の効果も上がるかもしれない。

オロフ・ハンセン

　第二次予選、『幻想ポロネーズ』の冒頭部分のアクシデントについては、「何が起きたのかわからない」という答えが返ってきた。あっと思ったときは違う音を弾いていて、弾き直したのが落選の原因だろうと言っていたが、本当にそうなんだろうか。
　ノヴォテル・ワルシャワ・ツェントラムにはほとんどのコンテスタントが宿泊しているので、発表後は悲喜こもごも。ハンガリーのイヴェット・ジョンジョーシは、ショパン・コンクールに出るために長年にわたって準備してきたのにと、一晩中泣き明かしたとのこと。
　チェン・チャンに、いつからショパン・コンクールの準備を始めたのかきいたら、プログラムに取り組んだのは二〇〇一年からだという。なんと一四年前！　二〇〇〇年にユンディ・リが中国人として初めて優勝し、深圳の音楽学校では、ユンディに憧れる少年少女たちがみなショパンを弾きはじめたらしい。

そのユンディが審査員に招かれた今年、多くの中国人ピアニストがエントリーしたが、かんじんのユンディは、自分の誕生日と友人の結婚式を祝うために第一次予選の途中から姿を消し、第二次予選の途中で戻ってきたものの顰蹙《ひんしゅく》を買った。チェン・チャンは、ユンディが途中欠席したことで中国人に対する印象が悪くなるのではないか、採点の分母も変わるので、それが審査にどう反映されるのか、といったことを気にしていた（実際には平均値を出したので問題なかったとのこと）。

チェン・チャン

他のコンテスタントにも話が及んだ。「黒鍵」の練習曲《エチュード》で遊びまくり、まるでジャズ・クラブで演奏しているようだったイギリスのラジエシュクマールは、実はとてもピアノがうまいんだと焦元溥。この人はエリソ・ヴィルサラーゼ門下だ。チェン・チャンの世代ではタチアナ・ニコラーエワの名前を知らないらしく、タラソヴィチ＝ニコラーエフが孫だと言ってもぽかんとしている。

審査員をつとめるダン・タイ・ソンがエリック・ルー、アニー・チョウ、イーケ・トニー・ヤンという三人のティーンエイジャーを送り込んできたことも話題になった。大量のコンテスタントを送り込んだ中国が、結局ポーランド留学中で審査委員長ポポヴァ＝ズィドロン門下のズー・シューだけになってしまったことも。

そして最後は、当然この話題で盛り上がる。いったい誰が優勝するのだろうか。チョ・ソンジンだろうか、シシキンだろうか。あるいは間隙《かんげき》をぬってエリック・ルーだろうか。はたまた優勝者なしに終わるのだろうか……。その前に第三次予選がある。

コラム　携帯が気になる

ショパン・コンクールはネット配信もされていて、咳払《せきばら》いや場内のざわめきまで聞き取れるという。では、携帯電話の着信音は？

会場内は撮影禁止で、少しでもスマートフォンを出していると係員が寄ってきて、しまいなさいとうるさい。私などサントリーホールで買った軽量の双眼鏡でウォッチしているだけなのに、カメラと勘違いした係員にその都度説明しなければならない。

もちろん、携帯電話を切ってくださいとポーランド語と英語でアナウンスがはいる。ああ、それなのに、それなのに。

アメリカ国籍のレイチェル・ナオミ・クドウのステージ。『ノクターン作品六二－一』を弾きだそうとしたその瞬間、ピロリパンパン。大人なクドウはにっこり笑い、再び集中しなおして演奏を開始した。イントロ（導入部）が終わって、さぁ、美しいメロディを歌いはじめたところで、再びピロリパンパンパン。クドウはかまわず、情緒たっぷりのノクターンを奏でつづけた。すでに音楽に入り込んでいて聞こえなかったのかもしれないが、それにしても。

携帯サマは『ノクターン作品六二－一』が大好きらしい。チホ・ハンのときも、一番盛り上がるシーンで鳴った。そして、幽冥《ゆうめい》の境地にはいるトリル前にも、再び携帯が……。

ついでに、スケルツォも好きらしい。チ

ホ・ハンが第四番のめくるめく転調を熱演している最中にも、かすかに鳴った（三回目だ）。ポーランド期待のクションジェクの演奏中にも、第一番の子守歌の、一番うっとりするタイミングでポポピポポ。

韓国のジニョン・パクが『英雄ポロネーズ』を弾いているときも、中間部でピロリパンパン。

プログラムのなかで一番神経を使う練習曲《エチュード》。韓国のスョン・キムが弾く『作品二五-七』と『作品二五-五』の間にも、携帯の着信音が侵入してきた。

陸上競技の投擲《とうてき》や跳躍などフィールド種目で、いざ投げよう、跳ぼうとするタイミングをトラック種目に妨害されることはよくあり、そのためにメダルを逃す選手も出てくる。ゴルフやテニスでも、カメラのシャッター音やフラッシュにプレーを妨げられるケースはよくあり、そのたびにメディアで問題になる。しかし、ショパン・コンクールでは誰も公に非難せず、事務局側も対応を改める気配がない。

ピアニストは、スポーツ性と芸術性を兼ね備えた大変なことをやっているのだから、もう少し配慮できないものだろうか。

6　前奏曲も「ロマンティック派」対「楽譜に忠実派」

一〇月一四日から第三次予選（セミ・ファイナル）が始まった。五〇～六〇分のリサイタルということで、第二番か第三番の『ソナタ』、あるいは『二四の前奏曲』という大曲が課題に出ている。ショパン演奏の試金石ともいうべきマズルカも作品番号ごとにまとめて弾かなければならない。大型ピアニストとしての能力と、繊細な詩人としての両方の資質が問われることになる。

トップバッターになるはずだったイタリアのカロッチアは手のトラブルで最後にまわり、一五日の最初に演奏予定だった日本の小林愛実が一四日の最後にはいることになった。

事務局からの知らせはすべて携帯メールでくる。携帯電話の電源を切って練習していた小林は、前夜まで変更を知らなかったらしい。前日に繰り上がると練習時間が減ってしまうし、マズルカなどはもう少し詰めたかったと言っていた。そうでなくても朝一番で弾くのと夜弾くのではコンディションのつくり方などが変わってくると思うが、夜型の小林にはかえって幸いしたのかもしれない。やや粗かった第二次予選とはうってかわって完成度の高い演奏で、客席を沸かせた。

小林愛実

『ロンド作品一六』はリズムに乗って変幻自在に弾かれた。身体は小さいが音楽の容量は大きく、場面転換に応じた間のとり方がうまい。『ソナタ第二番』も高い集中力、推進力をもって弾ききったが、ピアノ教師の耳としては、メロディを歌う単音が淡雪《あわゆき》のように溶けてしまうのが気になる。『スケルツォ第一番』を最後にもってきたのは大正解。全身を躍動させ、指先の強靭なバネで憑かれたように疾走するさまはスリリングだった。ツボにはまったときのアイミ・コバヤシには、理屈ではない音楽性、教えて教えきれない魅力を感じる。

　午前の部では、韓国のチョ・ソンジンとチホ・ハンがつづけて登場し、同じ『二四の前奏曲』を弾いたので興味深く聴いた。

　ショパンには役者の素質もあった。ワルシャワ時代はアマチュアの劇団に所属し、パントマイムが抜群にうまかったという。パリに来てからも、気のおけないサロンの集まりでは、世間知らずの少女から因業《いんごう》な金貸し老人まで、瞬時にさまざまな形態模写を披露して友人たちを楽しませたという、ジョルジュ・サンドの回想が残っている。『二四の前奏曲』はそんなショパンの二四面相がよくあらわれた作品だ。バッハの『平均律クラヴィーア曲集』の前奏曲を思わせるページで始まり、ノクターン風、マズルカ風、練習曲《エチュード》風、即興曲風、レチタティーヴォ（叙唱）風、コラール風……とさまざまな性格の小品が連結されている。曲目の性格はばらばらだが、それぞれが五度圏のシステムにもとづいて配され、有機的なつながりをもっている。

第三次予選の『前奏曲』対決は、全体の起承転結、完成度では「楽譜に忠実派」のチョ・ソンジンに軍配があがる。暗い色調のもの、明るいもの、サロン風の洒脱なもの、心情を吐露するドラマティックなものを巧みに弾きわけ、全体を緊密に構成し、技術的にも軽やかなものから重厚なものまで対応して破綻をみせなかった。

「ロマンティック派」のチホ・ハンはずっと衝動的だ。次から次にくり出されるショパンの二四面相に豊かに反応し、ときに喜ばしげに、ときに詠嘆調で、鬱勃たる情感を漂わせ、焦燥感にかられ、柔らかく包みこむように響かせる。音がよく歌い、タッチもクリアで、重量感もある。こうしたアプローチはスタミナ配分に問題が出てくる場合が多いが、チホ・ハンもまた最後のほうでやや息切れしてしまったのが惜しまれる。

一五日午後の最初に登場したエリック・ルーも『二四の前奏曲』をプログラミングしていた。一二月でやっと一八歳になる若者だが、ちょっと人生に疲れたような演奏をする。『マズルカ作品五九－三』は長調と短調の移り変わりがきれいで、はかなさ、憧れ、失望……というような言葉が浮かんできた。

『二四の前奏曲』も見事な演奏だったが、とにかく下降の美学。バッハの前奏曲を模した一番も物憂げに始まり、軽やかなはずの三番も気だるそう。四番はため息のように減衰し、六番も息も絶え絶えといった風情だ。七番もフレーズが際限なく降りていく。手首がしなやかで、普通は苦労する八番や一〇番も巧みに鍵盤に沿わせて苦もなく弾いてしまう。エリックの真骨頂は一五番「雨だれ」。メロディの音がつーっとのび、雨だれをあらわす左手の反復音は強迫観念のよう。再現部で上声と下声のかすかな対話は本当に美しかった。

エリックと同じフィラデルフィアのカーティス音楽院で学ぶ中国系アメリカ人、ケイト・リウも「ロマンティック派」のピアニストだ。予備予選のときは、細い手首にブレスレットをまいたケイトがまさかここまで来るとは思わなかった。

特異な演奏スタイルだ。ほとんど鍵盤を見ず、顔を上にあげて、手首もぶらさげて鍵盤の上をすべらせるだけ。遅いところは極端に遅く、聴くほうがじりじりするほどひきのばすが、そうかと思うと細い身体をしならせ、モノに憑かれたように激しく叩きつける。『幻想ポロネーズ』のイントロでも、冒頭の和音からアルペッジョへの移行まで、宇宙の声を聴いているのかと思うほど時間をかける。主部もほとんどつぶやくようで、時折激しいフォルテ。トリルのあとも内なる声を聴きながら瞑想し、「ドミーレ」という悩ましげなパッセージにも気の遠くなるほど時間をかける。

中国生まれの女性ピアニストになぞらえて「カーティスのユジャ・ワン」と呼ばれるだけあってテクニシャンだ。長い指を鍵盤にすべらせるだけでほとんど何でも弾けてしまう。『即興曲第三番』には重音のパッセージが出てくるが、オペラグラスで観察していたら、指でレガートせず、全部飛ばしながらペダルでつないでいた。普通はバタバタしてしまうところだが、よほど各関節が柔らかいのだろう。

この日のステージでケイト・リウが一所懸命に指先で弾いているのを見たのは、二回だけ。『ソナタ第三番』の第二楽章スケルツォの主部では、やおら鍵盤のほうに向きなおり、ノーペダルでギアをトップに入れて弾ききった。見事だと思ったが、トリオはまた上を向いて宇宙との対話。もう一回はさすがにフィナーレの右手。やはり前傾姿勢になり、ペダルなしで指をパラパラ動かす。最後は身体を大きく右に傾け、斜めの姿勢のまま左足を大きくあげて締めくくりの和音をバーンと鳴らした。観客は沸き、拍手喝采。

個性豊かなピアニストが続々登場するセミ・ファイナル。審査員も楽しみなような、大変なような。

7　アムランとシシキンのソナタ

一六日午前の部は、アムランのすばらしいステージを堪能した。前日は変わった解釈が多く、いささか辟易《へきえき》していたのだが、アムランのステージには救われた思いがした。『前奏曲作品四五』では、実に人間的な包容力のある左手に魅せられた。親身になって悩みをきいてくれる友人のよう。非和声音がきれい。個にもたれかからず、客観的すぎず、バランス感覚がすばらしい。

『舟歌』も、ゴンドラのリズムに乗ってニュアンス豊かなメロディが奏でられる。歩みがのろく、なかなか終わらない演奏が多かったなか、自然な流れが心地よい。間のとり方がうまく、ちょっとした表情の変化に癒《いや》される。

『マズルカ作品三三』もすばらしい演奏だった。他のコンテスタントがルバート、つまり時間の変化で表現するところを、アムランは音色の変化で勝負する。二番では、澄んだ透明な響きとさりげない転調。三番では舞踊の賑《にぎ》わいと凄味《すごみ》のある装飾音。四番では、哀しい短調ともっと哀しい長調の交錯。極端にフェードアウトした後の再現部がまことに印象的だった。ロ短調の和音に人生のすべてが集約されているような気がした。

圧巻は『ソナタ第三番』。第一楽章は「マエストーソ（威厳をもって）」と記されているのだが、最近軽く弾く人が多い。このコンクールでほとんど初めて正統的なマエストーソを聴いたような気がした。ベルカントを模したカンティレーナは、音が語りかけてくる。やや書法が甘い展開部はぐっとテンポを上げて対処する。全体の構成のなかで巧みに起承転結のバランスをとっている。最後は立派なアッコードで締めくくった。

第二楽章の主部は速すぎて何が何だかわからない演奏が多いなか、テンポをおさえてチャーミングに弾く。左手の一拍目の休符がはっきりわかるのがよい。トリオは声部同士の語り合いが雄弁。

再現部の締めのあと、すぐに三楽章ラルゴにはいる。音が本当によく歌い、左手はちょうどよいタイミングで律動を刻む。トリオは多くのコンテスタントのように影のように溶かしてしまったりせず、ひとつひとつの音を歌いこむ。再現部はたゆたい、夢のよう。締めくくりの和音がジャストのニュアンスだった。

フィナーレはロンド形式で、左手が三、四、六連音符と増えるにつれて音楽も盛り上がってくる。三連は思いがけず速いテンポで始まったので心配したが、杞憂《きゆう》だった。右手のパッセージは軽やかできれい。四連音符のところでいったんテンポを落とす。アムランのよいところは、興奮してもきちんと拍がはいることだ。

審査員席では、ユンディ・リも手でタクトを振りながら聴き入っている。六連音符はドラマティックで、客席を興奮の渦にまきこむ。ラストはものすごいテンポで弾ききり、大きく右腕

ドミトリ・シシキン

を上げて締めのオクターヴを弾いた。ここまでは洒脱な魅力を強調してきたアムランが、初めて本性を見せた。

容姿からクマさんのようと言われているが、ぬいぐるみではない本物の〝熊〟だった。ユンディは机を拳で叩いて演奏を讃《たた》え、アントルモンはなんと本当に拍手している。

アムランの三番で沸いた会場に、ひきつづきシシキンの見事なソナタが届けられた。冒頭、『四つの即興曲』では少し心配した。一番はペダルがやや多い印象。左手が右手にかぶってしまう。二番はメロディと伴奏のタイミングをずらす弾き方が気になった。三番では、ケイト・リウが苦もなく弾いた重音に乱れがあったものの、内省的なよい演奏。とりわけラストが美しかった。

第二次予選でも『ノクターン作品九－二』をシンプルに美しく弾いて会場をうならせたシシキンだが、この日は『幻想即興曲』で名演をきかせてくれた。指さばきに何とも言えない哀しみが漂っている。パッセージの区切りで間をおき、余韻をもたせるあたりが新鮮だった。

『マズルカ作品五九』にも聴き入った。一番は儚《はかな》げな出だし。中間部はいろいろな声部を出しながら太く歌いあげる。二番は言葉にならないような音で始まる。リズムの隙間にしのびよる郷愁。個人的な感傷ではなく、民族の悲しみのようなもの。霧のようなラストと和音は胸に迫った。三番はストレートに感情を出しながら弾く。フェードアウトして嬰へ長調に移行すると、リズムを密《ひそ》かにはずませ、コントラストをつける。メリーゴーラウンドのような舞踏シーンはたまらなかった。

つづくソナタ、プログラムには三番と書いてある。シシキンの資質には二番のほうが合うと思っていたら、本当にダーンダダ（二番の冒頭）と弾きはじめた！　まさか、舞台の袖でアムランの演奏を聴いてとっさに変えたわけでもないのだろうが、審査員席はしばし混乱。

その二番のソナタがまた凄演だったのだ。第一楽章はドラマティックな出だし。胸をえぐるような音。何かにせき立てられるような第一主題。展開部では、第一主題の下に腹の底にしみるようなオクターヴを突き入れる。第二主題は、大きく音楽を広げた中で絞り出すように弾かれた。そして、凄味のある連打。第二楽章もまた、凄味のある連打、地鳴りのするような和音の連続で圧倒する。四度の連続も鳴りきり、和音の跳躍もすごい！　トリオは甘い音で訴えるように弾かれた。

こんな演奏がくりひろげられているのに、審査員席ではユンディが隣の審査員にもたれて居眠りをしている。途中で目をさまして眠そうに目をこすった（あとで発表された採点表では、ユンディはシシキンに一七点、ファイナルに進めない「NO」をつけていた）。

シシキンの『葬送ソナタ』、タッチの濃淡だけで弾ききったフィナーレは、本当に「墓の上を吹く風」のようだった。

コラム　がんばれカロッチア！

イタリアのカロッチアを、私は「大工さん」と呼んでいた。髭面で、ズボンの尻ポケットに金ヅチでもさしこんだら似合いそう。

予備予選のときから明るくよく歌う音に耳が惹きつけられた。手は巨大だが指はあまりまわらないようで、練習曲《エチュード》三曲はかなりミスが出たがなんとか通過した。

そのカロッチアが第二次予選まで突破したところで手を痛めたらしく、一六日の最後にまわった。曲目を見ると『二四の前奏曲』を弾くことになっている。大丈夫だろうか。

最初は『即興曲第二番』。相変わらず音にきらめきがある。痛めたのは右手だろうか（あとで本人に話をきいたところ左手だったそうだが、不思議なことに左手で支えて右手を浮かすようなシーンが多かった。右手が動くときは左手をやけに大きく弾く。でもこれは予備予選の「木枯らし」のときからずっとそうだった）。

『マズルカ作品三〇』も哀しくて好きだった。これが人生なんだというようなさびしげなつぶやき。音と音の間に哀愁がこもっている。各フレーズがまるで語りのよう。四番の最後、半音階でどんどん降りていくところに魅せられ、この音を聴けただけでもよかったと思っていたら、マズルカが終わったとたんステージを出ていってしまった。場内騒然。やっぱり手の調子が悪いの

ルイジ・カロッチア

だろうか。

　しばらくして戻ってきたカロッチアに盛大な拍手。おもむろに弾きはじめた『二四の前奏曲』は、難所を知っているだけに気が気ではなかった。跳躍の多い五番は、真ん中の指によりかかって何とか切り抜けていた。手が小さいと開くだけで負担がかかるが、カロッチアの手は巨大で、鍵盤に乗せただけで広い音域をカバーしてしまう。

　それからも、むずかしい一二番を弾き終えたあとでしばらく手をだらりと下げてぶらぶら振っていたりする。一五番の「雨だれ」は、何とよく歌う音なのだろう、出てきてくれてありがとう、と感謝しながら聴いていた。しかし次の一六番が問題なのである。気力で弾ききったものの、苦しそう。左右の手がとびかう一九番も音楽的に処理しつつ弾いたが、だんだんミスが多くなる。

　そして二四番。カロッチアの手は限界で、上昇するスケールも下降する三度もハラハラしながら聴いた。最後のアルペッジョはなんとかなだれこんで三つのゴング。精根尽き果てた様子で立ち上がる「大工さん」を暖かい拍手とブラヴォーが包んだ。

ところで、舞台袖《そで》に写真を撮りに行ったジャーナリストの話によると、カロッチアはまだ二四歳なのに家族持ちで、奥さんと小さな子供が三人いたそうである。

第五章　グランド・ファイナル（二〇一五年本大会）

1 一日目

一〇月一六日、ワルシャワ時間の二一時半にファイナリストが発表された。チョ・ソンジン（韓国）、アリョーシャ・ユリニッチ（クロアチア）、小林愛実（日本）、ケイト・リウ（アメリカ）、エリック・ルー（アメリカ）、シモン・ネーリング（ポーランド）、ゲオルギス・オソキンス（ラトヴィア）、シャルル・リシャール＝アムラン（カナダ）、ドミトリ・シシキン（ロシア）、そしてイーケ・トニー・ヤン（カナダ）。

グランド・ファイナル（以下、ファイナル）では、この一〇人が三日間にわたって、ヤツェク・カプシスク指揮ワルシャワ国立フィルハーモニー管弦楽団とショパン『ピアノ協奏曲第一番』もしくは『第二番』を演奏する。事前に発表されたプログラムによれば、二番を選んだのはアムラン一人で、残りの九人は一番。どうも二番を弾くと優勝できないというジンクスがあるらしい。過去のコンクールで二番を弾いて優勝したのは、ヤコフ・ザーク（一九三七年、二、三楽章のみ）とダン・タイ・ソン（一九八〇年）の二人だけ。一九九〇年の第三位（第一位なし）横山幸雄《よこやまゆきお》も、九五年の第二位（第一位なし）スルタノフも二番だった（アルゲリッチは直前に二番から一番に変更したという）。

ファイナル開始直前

協奏曲はいずれもショパンのワルシャワ時代、二〇歳前後の作品だが、一番のほうがあとに書かれ、より成熟している。二番は演奏時間が短く効果があがらない上に、オーケストラとのかけひきが難しいが、レース細工のような繊細さとあえかな抒情がたまらなく魅力的である。この協奏曲を選ぶタイプのピアニストは、そもそもコンクールという競争の場には向かないのかもしれない。

　ファイナル初日の一〇月一八日、いきなり優勝候補のチョ・ソンジンが登場した。予選ラウンドを通じて完成度の高い演奏で隙を見せなかったチョだが、ひとつ問題があるとすれば音の重量感だった。明るく爽やかな音で、立ち上がりもよいのだが、減衰が早いのである。ダイナミックバランスは完璧だからソロではよかったものの、テンポが遅くて音も分厚いワルシャワ・フィルの弊害をもっともこうむった一人となった。

ピアノを弾く者として舌を巻くのは、彼のどこまでもなめらかなピアニズムだ。第一楽章のアジタートなど、左手はトリル、右手は543（小指・薬指・中指）と親指が別々に動き、手がひきつりそうになる箇所だが、チョの指さばきは抜群だった。

音楽的には恣意的なルバートをしない端正なアプローチで、ショパンが協奏曲を書いた年齢、ピュアな若さをあますところなく表現していた。欲を言えば、さらに甘さ、切なさが出るとよいだろうか。

第二楽章は微細な打鍵のコントロールと絶妙のタイミングで息の長いフレーズをつくり出していた。フィナーレはチョの持ち味がもっとも発揮された楽章。一点のくもりもないタッチで潑剌と演奏され、満員の聴衆の喝采を浴びた。重いオーケストラにかまわず弾きまくるところなどポリーニの優勝時の録音を思い出したが、チョ・ソンジンの音にはダイヤモンドのようにぎらぎらした輝きはなく、絹のような上品な光沢で、あくまでも爽やかなイメージだ。

つづいて登場したクロアチアのユリニッチは、何から何まで対照的なアプローチ。第一楽章、冒頭の和音から自然なルバートがかかり、第一主題は甘く歌う音できれいなカーヴを描く。第二主題はテンポを遅めにとり、ゆったり歌う。かなりテンポは揺らすが、オーケストラと一緒に呼吸しようとしているので、ずれる場面はあまりなかった。

この人の特徴は、他のコンテスタントがここぞとばかりに妙技を披露する二度の「リゾリュート」でほとんどテンポを上げないことだが、楽譜をよく見ると「ア・テンポ（もとの速度で）」と書いてあるので、字義どおり解釈した結果だろう（彼自身、高坂はる香によるインタビューで「僕の演奏は変わっているといわれることがありますが、楽譜に書かれていないことはやっていません」〔高坂ブログ「ピアノの惑星ジャーナル」〕と語っている）。アジタートは一転して快速のテンポ。三拍の律動を強調し、ときどきペダルをはずすあたりが心地よい。

第三楽章もテンポこそ遅めだが、リズムに乗ったキレのよい演奏。随所の工夫を興味深く聴いたが、惜しむらくは不用意なミスが多く、せっかくの感興に水をさしていた。

休憩をはさんで、日本で唯一ファイナルに残った小林愛実の登場。オーケストラとのリハーサルではあまり調子がよくなかったときいていたが、この人の集中力、音楽の推進力には感心する。

冒頭の充実した和音から音楽に入り込み、音もよくのびて歌い、艶《つや》はないものの色も変わる。作戦や工夫など、あらかじめ準備したものではなく、今その瞬間に降りてきた音楽を弾いているという臨場感が聴き手の耳を惹きつける。身体は小さいが音楽の幅は大きく、息の長いフレーズでオーケストラと対話し、包みこむ。テンポの変化も自然で、やむにやまれぬ欲求として伝わってくるので説得力がある。

第二楽章もリリシズムに満ちた演奏で聴き入ったが、第三楽章は左手のリズムのきざみが甘く、躍動感に欠ける始まりとなった。音もだんだん痩《や》せてくる。体重をかけるときはよいが、指先だけで弾く細かいパッセージはオーケストラに埋もれてしまう。天性のバネに加えて、芯《しん》のある音づくりが求められるだろう。

最後は、シンガポール生まれのケイト・リウ。ルバートを多用するスタイルで、ひとつの曲で三倍ぐらいテンポが変わるので、ソロのときはよいが、オーケストラ相手にどんなふうに弾くのか興味しんしんだった。

憑かれたように弾くところは小林愛実に似ている部分もあるが、小林が人間性豊かな音楽をやるのに対して、この人は本当のシャーマン。まるで樹木の精霊か何かのようで、カンティレーナも人間の歌のようには聞こえない。それはそれで魅力的ではあるのだが。身体は細いがバネが強く、全身をしなわせるフォルテには迫力がある。緩徐部分では手首を上げ、ほとんど鍵盤を見ないで瞑想にふける。

第一楽章でも第二主題は超スローテンポで弾き、アジタートで突然ギアを入れる。第二楽章は、手首をぶらさげ、口を半開きにして顔を上げ、止まりそうなテンポで「宇宙との対話」。しかし、音はよく鳴っているし、それなりにドラマティックでもある。オーケストラの旋律の上で装飾するシーンは、鍵盤をかすかにさわっているだけなのに神秘的な響きがして、背中がぞわぞわした。第三楽章ではあまりにテンポを上げすぎて珍しくミスも出たが、すさまじいドライヴ感で弾ききった。

このオーケストラはレチタティーヴォの三回目を遅くするクセがあり、コンテスタントを困らせていたのだが、ケイトはもともとそういう解釈なので気が合ったようだ。

2　二日目

初日のチョ・ソンジンを聴いてオーケストラのアンサンブル能力に疑問を感じたので、この日は午前中のリハーサルから聴いた。

エリック・ルー

トップバッターのエリック・ルーはボーダー柄のTシャツに細身のGパン。こうしてみるとまだ高校生の男の子だ。ずっとヤマハのピアノを弾いてきたが、ファイナルだけはスタインウェイ。

エリック・ルーは予選の間中、下降のディナミズムで通した。音はきれいだし、とても才能があることはわかるのだが、ときどき音楽があまりにも暗く、聴いていて気が滅入ってくる。協奏曲でも、第一楽章の第一主題は消え入りそう、第二主題はさらに遅い。指が動く部分では急に速くなり、今度はオーケストラがついていけない。全曲が終わるとオーケストラが拍手しておしまい。ソリストは楽譜をかかえて指揮者と少し話をしていたが、明らかにずれた部分をやり直すこともなく、これでいいのかと思った。

夜のラウンドでは、第一主題の歌い方が、午前中とは明らかに違った。「シソーラシー」をまるで演歌のように歌い込み、つづく「ミファ♯ソ」も訴えるような音で、彼にしては珍しくフレーズが上昇している！　こういうふうにも弾けるのかと思ったが、リハーサルに立ち会っていた師匠ダン・タイ・ソンのアドヴァイスかもしれない。オーケストラも彼のルバートに合わせてうっとりと伴奏している。第二主題への導入も長くのばし、たちどまりつつ弾く感じだが、オクターヴでは音を光らせながら纏綿《てんめん》と歌いあげた。

しかし、「リゾリュート」にはいると、練習のときと同じようにオーケストラが重たくなり、遅れに遅れる。聴き方によってはエリック・ルーがオーケストラを聴いていないというふうにも受け取れるが、リハーサルでも同じことが起きたのだから、少し配慮してあげればよいのにとも思う。

第二楽章はエリック・ルーの真骨頂で、ゆったりしたテンポで絞り出すように歌われたが、ソリストのテンポに輪をかけてオーケストラが遅いと感じる。第三楽章はリハーサルと同じようにきらめく音で軽快に演奏されたものの、速いパッセージでは指のおさえがきかず、グリッサンドのようになだれこんでしまうシーンもあった。ラストは細身のエリック・ルーが懸命に身体で拍子をとり、重いオーケストラを背負ってスケールの山をのぼりきった。

次に登場したネーリングは、ポーランド人唯一のファイナリスト。体格に恵まれて手が大きく指のバネが強く、鍵盤の底まできちんとタッチするのでブリリアントな音が出る。緊張する舞台ではどうしても速くなるし、リハーサルではオーケストラとのずれが目立ったが、本番では大切にフォローされているのがよくわかった。唯一の地元コンテスタントで心情的に肩入れしたくなるのだろう。

第一楽章の第一主題は中身の詰まった歌い方で好感がもてた。第二主題も、ネーリングがオーケストラを聴いているのか、ファゴットがネーリングに合わせて吹いているのか不明だが、とにかくよく溶け合っている。第二楽章も爽やかな抒情で好演だったが、この人は不思議で、ピアニッシモでフェードアウトすると本当に音が消えてしまう。第三楽章も、会場で聴いていると細かい音が明確に聞こえたり聞こえなかったり、ややまだらだった。

審査委員長ポポヴァ＝ズィドロンは、協奏曲のフィナーレでは彼一人だけが民族舞踊「クラコヴィアク」（ポーランド・クラクフ地方の二拍子の民族舞踊で、横に軽くジャンプしながら進む円舞の一種）のリズムを完全に咀嚼《そしゃく》して弾いていたと評価している。

最後はラトヴィアのオソキンス。彼の最大の魅力は、低い椅子からくり出される独特なサウンド。ヤマハを弾くコンテスタントは多かった（ファイナルは五名）が、まったく別の楽器のように鳴り響く。

リハーサルでは髪を後ろで結んであらわれ、舞台の上に録音マイクをセットしていた。この人は二〇一〇年の第四位、エフゲニー・ボジャノフに憧れ、演奏中の動作も選曲も解釈もそっくりだという。ボジャノフほどテクニックがないのが少し残念。ときどき指がもつれたり重音がクリアに鳴らなかったりする。

オソキンスはどうも神経質らしい。演奏はリハーサルのほうがはるかに傷が少なかった。はかなげな第一主題、ポエティックな第二主題には魅力がある。ホルンが出てくると顔を斜め後ろに向け、コンタクトを取りながら弾いているのが印象的だった。

第二楽章は極小のピアニッシシモ。メロディは情熱的に歌っているのだが、会場（リハーサルのときは一階席の中央、本番では三階席に座った）ではオーケストラに埋もれてしまう。ラストの装飾シーンでは、オーケストラが遅いので指が余って困っていた。

第三楽章は独特のリズム感と光を放つ音で歯切れよく弾かれた。ときどきスピードを上げすぎてすべての音が聞こえないことがある。ラストのユニゾンも細かいミスが目立ったが、大きく手を振り上げて終えると、後奏を待たずに盛大な拍手が沸き起こった。特異な風貌と演奏スタイルで人気のあるピアニストだ。

3　結果発表

結果発表

一〇月二〇日深夜、ショパン・コンクールの結果が発表された。予選ラウンドの結果発表はネットでも中継しているし、コンテスタントたちはどこで情報を得ようが自由だった。発表会場でもアムランやイーケ・トニー・ヤン、小林愛実の姿は見かけたが、チョ・ソンジンは一度も来なかったと思う。しかし、ファイナルでは全員がホールに集められ、発表の場でも一列に並ばされていた。入賞した六名はよいかもしれないが、四名は名前を呼ばれないわけだから、辛かったのではないだろうか。

優勝はチョ・ソンジン、第二位はシャルル・リシャール＝アムラン、第三位はケイト・リウ、以下エリック・ルー、イーケ・トニー・ヤン、ドミトリ・シシキンの順。マズルカ賞はケイト・リウ、ソナタ賞はアムラン、ポロネーズ賞はチョ・ソンジン。オーケストラに問題のあった協奏曲賞は該当者なし。

シシキンの第六位には納得がいかない。協奏曲はとてもよい演奏だった。音色も多彩で、ひじを上げたり、斜めにしたりしながら第一主題を美しく歌う。第二主題の鳴りきった明るい音も魅力だった。コーダからは一転して快速になり、ノーペダルのキレのよいタッチ。締めの重音には凄味があった。第二楽章もレガートを保つ指の力を感じる。オーケストラの上にくっきり出るトップの音がどんなにやさしかったことか。装飾も歌いこむのでオーケストラとあまりずれない。第三楽章は舞踊性の面でやや弱かったかもしれない。リズムに浮遊感がない上に音の粒が前面に出すぎるので、プロコフィエフのような印象がある。四度で降りてくるパッセージはキラキラと鮮やか。ラストは地鳴りのするようなスケールで締めくくった。

第五位に入賞したイーケ・トニー・ヤンはファイナル最年少の一六歳。彼が一番の協奏曲を弾き出したとき、その瑞々しさに打たれた。ショパンがまだワルシャワにいたころに書かれた作品。感性的にはトニーが一番近いかもしれない。

力のこもったイントロ、憧れに満ちた第一主題には明るい情熱が渦を巻いている。第二主題は対照的に、秘められたものを表現する。やむにやまれぬ欲求に突き動かされて弾いているのがよくわかる。とりわけ再現部は美しかった。しかしトニーは、まさか自分がファイナルに進出するとは思っていなかったようで、協奏曲は十分な準備ができていなかったのだ。曲が進むにつれてそれが露呈し、ミスが多くなる。シシキンのように音を保ちきれないので、重いオーケストラに対抗できない。体重をかければ音量は出るが、指先だけで弾く細かい音にはまだ力がない。

第二楽章はひらめきに満ちた息の長いメロディを奏でていたが、左手がもう少し雄弁でもよかった。第三楽章も出だしで間違えて左手が一瞬なくなった。全身を躍動させる熱演に聴衆は沸いたが、若いトニーの後塵《こうじん》を拝して、シシキンはどんなに悔しかったろう。

もっとも順位は協奏曲だけで決まるのではない。それまでのラウンドの成果を配慮しつつ、全体の順位をつけるそうだ。

第二位に入賞したアムランは、若いコンテスタントが多いなか、成熟した音楽づくりで光彩を放った。協奏曲は一人だけ『第二番』。繊細でしなやかなピアニズムを駆使する彼には最適の選曲だが、オーケストラが準備不足だった。

リハーサルに立ち会った関係者の情報によれば、第一楽章を通したところでソリストを待たせたままオーケストラの部分練習が始まってしまったという。コンテスタントにとって貴重なリハーサルの時間をオーケストラの練習に使うとは、権威あるコンクールの場で起きることだろうか。

結果的にアムランの『第二番』は、オーケストラに気を使うあまりソロのときの伸びやかさをやや欠く演奏になった。第一楽章の提示部では、オーケストラが出やすいように、音楽的な範囲で拍にアクセントをつける。第二主題で一瞬オーケストラがはずれたときの解放感といったら！　展開部では、指揮者とアイコンタクトをとり、ファゴットやホルンを聴きながら弾く。このあたりの操作は実に老練だった。

第二楽章もイントロでオーケストラに合図し、最大限に拡《ひろ》げて歌う。音はきれいに抜け、空気感がいっぱいだ。カデンツァでは、怒り、癒し、諦《あきら》め、希望など、行間にさまざまな感情がこめられる。最後のパッセージは、まるで宝石箱をひっくりかえしたようにきらめいた。第三楽章は哀愁漂うテーマがたまらない。民族舞踊の自在さとリズムの遊びを最大限に表現している。ラストはポピュラー音楽のような華やかさと自由さをもって弾かれたが、ややいっぱいいっぱいの感があった。オーケストラとのかけあいに疲れたのかもしれない。

アムランは順位こそ第二位だったが、第三次予選での『ソナタ第三番』の見事な演奏でソナタ賞を贈られ、とても嬉しかった。ついでにシシキンの『ソナタ第二番』にも授与されれば言うことがなかったのだが……。

4　王道を行ったチョ・ソンジンの勝利

一〇月二三日、審査員の採点表が発表され、フィリップ・アントルモンが優勝者のチョ・ソンジンに異様に低い点をつけていたことがわかり、物議を醸した。

審査員の採点表がウェブサイトで公開されるようになったのは二〇一〇年から。各審査員の採点は、いったん発表されたもののすぐに削除され、現在ではコンテスタントごとの合計点しか見ることができないが、二〇一五年は審査員ごとに全ラウンド、全コンテスタントの採点が公開されている。

審査方法は以下のとおり。第一次予選から第三次予選までは二五点満点で採点し、次のラウンドに進んでほしいコンテスタントには「YES」（数は決まっている）、そうでない人には「NO」をつける。第二章でも述べたように、審査員が直接指導している生徒の場合は「S」を申告して採点に加わらない。

チョ・ソンジン

ファイナルはそれぞれの順位点を一〇点満点でつけていく。同じ数字があってもかまわない。アントルモンは、なんとチョ・ソンジンに最下位の一点をつけているのだ。もちろん価値観は多様だし、音楽的見解の相違はあるかもしれないが、チョの完成度の高い演奏に対してなかなかつけにくい点だ。

アントルモンは第二位になったアムランを高く評価し、三段階の予選では常に満点の二五点をつけている。第三次で弾いた『ソナタ第三番』では審査員なのに拍手していた。ファイナルルの順位点は満点の一〇点ではなく八点だが、これはオーケストラに問題があったためだろう。

アントルモンは、第一次予選のときはチョ・ソンジンにも二三点（他の審査員は二四点と二三点がともに七名、二二点が三名）というまあまあの点をつけているのだが、第二次予選（『ソナタ二番』と『英雄ポロネーズ』などを演奏）では一四点で「NO」。このラウンドでチョに「NO」をつけたのは一人、他の審査員は二二点以上をつけ、二五点も二名いるから、いかにアントルモンの採点が極端かがわかる。

第三次予選（『二四の前奏曲』、マズルカと『スケルツォ二番』）でも一八点で、ただ一人「NO」、つまり次のラウンドに進めないという裁定をくだしている。審査委員長のポポヴァ゠ズィドロンが二一点。二四点が六名、二五点が三名いるから、二一点ですら低いと感じるが、アントルモンは別世界だ。

それでは、アントルモンなりの「価値観」があるのかと思って、ファイナリストのすべてのラウンドの採点を見てみた。表面上は、日本人として一〇年ぶりにファイナルに進出した小林愛実へのつけ方と似ている。

アントルモンの小林への評価は、第一次予選は二三点で「YES」だが、第二次予選は一三点で「NO」をつけている。他の審査員は二四点と二三点が一人ずつ、あとは一七点までばらけていて、「NO」もアントルモンを含め三名いた。もちろん一三点は低すぎて腹がたつが、このときの小林はあまり調子が上がらず、ミスも散見されたので、チョ・ソンジンが一点上なだけの一四点というのは首をかしげる。

第三次予選での小林への評価はチョ・ソンジンと同じ一八点で「NO」。小林は点が割れる傾向にあり、他の審査員を見ると一三〜一九点で「NO」が七名いたので、ファイナル進出はぎりぎりだった。やはりアントルモンの採点の方向が見えてこない。

そしてファイナルである。今回のコンクールの演奏順はファミリーネームの頭文字Bから開始し、Cの二人も予選で落ちてしまったため、チョ・ソンジンはトップバッターという不利な演奏順だった。オーケストラも、リハーサルのときとはうって変わって重くなったという。それでも、最下位はないだろう。ちなみに、小林愛実への採点はひとつ上の二点。

ここで私はおもしろいことに気づく。クロアチアのアリョーシャ・ユリニッチはファイナリストの一人だが、アントルモンは彼を全ラウンドを通じて「NO」にしていた。ところが、ファイナルの採点はチョ、小林より上の三点。オーケストラと息が合っていたためだろうか。

ファイナルでチョ・ソンジンが得た得点は、アントルモンの一点の他に一〇点が二名、九点が一二名、八点が一名（ダン・タイ・ソン。ただし彼がつけた最高点が八点）、六点が一名（アダム・ハラシェヴィチ）で、一四三点。いっぽう対抗馬だったアムランは一〇点が二名、九点と八点が五名ずつ、七点が三名、六点が二名（ヤシンスキとパレチニ）の一三八点。チョ・ソンジンとアムランを同位につけた審査員はけっこう多くて、アルゲリッチ、ダン・タイ・ソン、海老彰子、ジョン・リンク、ディーナ・ヨッフェ、ユンディ・リ。

一九八〇年のポゴレリチ事件のように不当に低い点をつける審査員が複数いなかったために、チョ・ソンジンは順当に優勝者となった。もし彼が少しでもほころびを見せていたら、アムランと順位が逆転したか、同位になっていたかもしれない。その意味で、どのラウンドでも文句のつけようのない演奏をしたチョの周到な準備と総合的な能力、精神力の勝利だった。

アムランもまた周到な準備をし、自分の資質をよくみきわめたプログラミングとプレゼンテーションで我々を大いに楽しませてくれた。若い世代が多かった今回のコンクールで成熟した大人の音楽をきかせ、ソナタ賞は当然の受賞だ。彼の誤算は協奏曲に『第二番』を選んだことだ。『第一番』よりさらにオーケストラとのコミュニケーションが求められると思うが、やはり『第二番』を予定していたウクライナのクリントンが第三次予選で落ちて一人になってしまったため、オーケストラが準備不足だったのは惜しまれる。

いっぽうで、日本人として一〇年ぶりのファイナリストとなった小林愛実もラウンドごとに進化した姿をみせ、ファイナルの協奏曲では、小さな身体でオーケストラを包みこむような演奏を聴かせてくれた。ツボにはまったときのアイミ・コバヤシのすごさを見る思いだった。採点表を見ると、入賞まであとほんの少しだったようだ。二〇一五年九月でやっと二〇歳。彼女の今後が本当に楽しみだ。

コラム　ワルシャワの聴衆

コンクールだから審査員が審査するわけだが、いっぽうで圧倒的に数が多いのは聴衆である。ショパン・コンクールには聴衆賞が設けられていないが、かといってワルシャワの聴衆の反応を無視するわけにもいかない。

もちろんポーランドのコンテスタントには応援の意味もあって盛大な拍手を送る。地元出身者の場合は、拍手の分量と演奏の中身は必ずしも一致しないことが多い。

ポーランド以外のピアニストの場合、こちらがすばらしいと思って聴いていても拍手が意外に少ないことがある。またその反対もある。審査結果を見ると、たいてい聴衆の支持を得たほうに軍配が上がっているのである。

プログラムの間は拍手が禁じられているが、最後の曲が終わると、ブラヴォーのかけ声とともに盛大な拍手が沸き起こる。コンサートではないので、コンテスタントはお辞儀してステージを去ったらもう戻ってこない。しかし、聴衆がしつこく拍手するので、次のコンテスタントの紹介をする係の人がステージで立ち往生してしまうことがある。困ったような顔をしてしばらく待っているが、あきらめていったん舞台の袖に下がる。ころあいを見はからってもう一度出てきてもまだ拍手がつづいている。

第一次予選では、クロアチアのユリニッチが『バラード第四番』を弾き終えたときがそうだった。カナダのアムランが『バラード第三番』を弾いたあとも、長い長い拍手。練習曲《エチュード》のラウンドにさほど自信のなかったアムランは、聴衆の反応でずいぶん勇気づけられたと語ってくれた。

第二次予選でオソキンスが『英雄ポロネーズ』、第三次予選で小林愛実が『スケルツォ第一番』、ケイト・リウが『ソナタ第三番』を弾き終えたあとも喝采は鳴りやまなかった。

アナウンス係を困らせたコンテスタントたちがことごとくファイナリストになったのだから、ワルシャワの聴衆のあと押しが功を奏したと言えるかもしれない。

5　若年齢化と解釈の自由化

第一七回ショパン・コンクールについては、各音楽雑誌が特集を組んだ。

もっとも本格的だったのは『音楽の友』で、二〇一四年九月号から一五年一一月号まで、一五回にわたって下田幸二による「ショパン・コンクールへの道標」を連載し、課題曲、審査員、過去の入賞者、第一七回の出場者紹介などあらゆる角度からコンクールを分析して期待を高めた。同年一二月号には、「海外取材　第17回ショパン国際ピアノ・コンクール２０１５」（以下、「海外取材」）と題して、やはり下田幸二の取材で、入賞者や日本人参加者、審査員へのインタビューを掲載している。

婦人雑誌の『家庭画報』（二〇一六年一月号）も、高坂はる香をワルシャワに派遣し、美しいグラビア写真とともに臨場感あふれるレポートを掲載している。

二〇一〇年のときは増刊号を出した『ショパン』だが、今回は一二月号で特集を組み、各ラウンドのレビューや入賞者・審査員へのインタビューに加えて、聴衆への取材も試みている。本来は弦楽器の雑誌である『サラサーテ』は一二月号増刊として『第一七回ショパン国際ピアノコンクール全記録』（以下、『全記録』）を刊行した。私もこの雑誌に寄稿したので、いきおい引用も多くなる。

その『全記録』の「審査員はこう見た」でダン・タイ・ソンは、二〇一五年コンクールの三つのポイントに「アジア優位の波の再現」「ジュニアの台頭」「解釈の自由化」を挙げている。「アジア優位の波」についてダン・タイ・ソンは、「2005年は1位のブレハッチ以外の入賞者はすべてアジア人でした。ところが2010年はひとりもいなくなった。ファイナリストすらいなかったのです。アジア人が戻って来て、ついに第1位まで獲得したということは、極めて重要な出来事だと思います」と語る。

二〇一四年に私がインタビューした際、彼は「次回はアジアのコンクールになるかもしれない。優秀なアジア人がたくさんエントリーを希望している」と予言していた。

「ジュニアの台頭」は、参加者の年齢制限を一七歳以上から一六歳以上に引き下げたことからきている。もし二〇一〇年も今の制度だったら、当時一六歳のチョ・ソンジンもエントリーできていたはずである。第五位入賞のイーケ・トニー・ヤンはターゲットを二〇二〇年に定めていたが、「今回、年齢制限が1歳若くなったので、とりあえず受けてみて、経験を積んだ上で、次回に備えようと考えた」と語っている。

「ジュニアの台頭」については、審査員それぞれの考え方がある。自らも多くのティーンエイジャーを送り込んだダン・タイ・ソンは、「昨今は音楽にも低年齢化の波が押し寄せています。音楽界に占める若者の割合は増えて、成熟にいたる年齢もどんどん若くなっています」と肯定派だ。

二〇一五年の国際コンクールだけとってみても、ロン＝ティボーは一六歳のトレヴェリアン（イギリス）が一位なしの二位、チャイコフスキーでも、やはり一六歳のハリトーノフ（ロシア）が第三位にはいった。浜松国際でも最年少で一八歳の中国系アメリカ人、ダニエル・シューが第三位に入賞している。審査員のアンヌ・ケフェレックは、彼が第一次予選で弾いたベートーヴェン『ソナタ第三一番』を絶賛していた。ショパン・コンクールに出場したティーンエイジャーも含めて、たしかに音楽が成熟している印象はある。

対して海老彰子は、「入賞者の低年齢化には、疑問を持つ」と異議をさしはさむ。「なぜなら、このコンクールは世界中のピアノ関係者の多くが注目している歴史的なコンクールです。それだけの軋轢《あつれき》をはねのけられる実力が要求されますから」。

海老によれば、年齢制限の引き下げは、採点にも微妙な影響を及ぼしたらしい。審査員のなかには同じ程度の演奏なら年齢の若いほうに投票する人もいたとのこと。

「解釈の自由化」は、私が予備予選を聴いたチャイコフスキーでは顕著だったが、保守的と言われるショパンにもその波が押し寄せている。優勝したチョ・ソンジンは「楽譜に忠実派」だったが、全体に「ロマンティック派」が大勢を占めた印象がある。

ダン・タイ・ソンは「今まではステレオタイプの、言ってみれば音楽学に基づいたアカデミックな音楽解釈が主流でした。それがどんどん自由になっています。20年、30年前には、ファイナルに進めなかったような、ユニークで斬新な音楽解釈も受けいれられるようになっていま

ゲオルギス・オソキンス

す。審査員が昔よりオープンになってきているのだと思います。今回ファイナルに進んだラトヴィアのオソキンスなどは30年前は受け入れられなかった」と語る。

　音楽学じたいもステレオタイプではなくなってきているのだろう。二〇一五年に審査に加わったイギリスの音楽学者ジョン・リンクは、二〇〇五年、パリで開催された「ショパンの解釈」に関する国際学会で「ショパンのワーク・イン・プログレス」というテーマで発表をおこなっている。ショパンのテキストのさまざまな変化から彼の即興性を読み取ろうとする試みで、ダン・タイ・ソンのいわば「原理主義」とは正反対のスタンスのように見える。二〇一五年のリンクの採点も、従来の「アカデミックな音楽解釈」なら拒絶反応を起こされそうなオソキンスの演奏を常に高く評価している。

　解釈が変わっている上にピアニスティックにも無傷ではないオソキンスの演奏は、当然ながら点が割れた。第一次予選では審査委員長のポポヴァ＝ズィドロンが一六点で「NO」。第二次予選では前審査委員長のヤシンスキが一八点で「NO」。第三次予選に至っては、この二人にフィリップ・アントルモンも加わって一八点で「NO」。しかし、ジョン・リンクは一貫して彼の演奏に二三～二四点をつけている。

コンクール後におこなわれたピティナ（全日本ピアノ指導者協会）のインタビューでジョン・リンクは、オソキンスが第三次予選で弾いた『ワルツ作品一八』『ワルツ作品四二』に深い感銘を受けたと語っている（『ソナタ第三番』のあとにアンコールのような雰囲気で弾かれたワルツ二曲。かなり破綻の多い演奏で客席ではハラハラしたのだが……）。

「たとえばワルツを例に挙げれば、舞踏に関わる作品であるように弾いていたのはほんの一握りです。中でも、リズムのテンションとハーモニーの色彩感が失われていないピアニストがいました。それはゲオルギス・オソキンスさんで、彼のワルツには魔法のようなスピリットがありましたね。非常に想像力豊かなピアニストで、私はそのイマジネーションを大変尊敬しています」（リンク「深く洗練された音楽理解を」）

前にも書いたように、オソキンスは、二〇一〇年の異端児ボジャノフと比較されることが多い。ボジャノフはブルガリア、オソキンスはラトヴィア。共通点は、特注の低い椅子を使用し、ヤマハから特異な響きを引き出すこと。演奏中に手を大きくふりあげたり、そっぽを向いたりすること。楽譜に書かれていないようなさまざまな崩した表現をすること。

指先のテクニック自体はあまり似ていない。ボジャノフは肉厚の手で主に伸筋（指をそらせる筋肉）を使うし、オソキンスは平べったい手で屈筋（指を曲げる筋肉）を使う。ピアニストとしてはボジャノフのほうがはるかに優秀だ。つかみとるようなテクニックでどんな難曲もぐいぐい弾いてしまう。オソキンスは全体に線が細く、安定感に欠ける。

少なくともプログラムについては、オソキンスはボジャノフの完全コピーと言っても過言ではないだろう。「黒鍵」の練習曲《エチュード》も『ノクターン作品六二－一』も『バラード第三番』も、『舟歌』『英雄ポロネーズ』『ロンド風マズルカ』『ソナタ第三番』も、三曲のワルツもマズルカの選曲もみな同じ。そのなかで私は、ボジャノフが弾かずにオソキンスが弾いた『子守歌』と『パガニーニの思い出』に注目してみた。

『子守歌』は歌姫ポーリーヌ・ヴィアルドの娘のために書かれたとされる作品。やさしく揺れるリズムに乗って、シンプルなメロディがさまざまに装飾される。オソキンスの指が奏でる繊細なフィギュレーションと左右の微妙なずれは、一見コチャルスキの「ベルカント風ルバート」を思わせるが、このスタイルでは必ず低音が先に出るところ、オソキンスはそこまで徹底されていない印象がある。

（会場で聴いた時点では首をかしげただけだが、のちに森岡葉が翻訳した台湾の音楽評論家焦元溥のレビューがネットに発表され、評されているのは『マズルカ作品五九』だが、違和感のもとがわかってスッキリした。「左右をずらして弾くときは、和声とピアノの倍音を考慮しなければならない。通常バス〔低音〕がそのフレーズの和声の基礎となり、土台〔fundamental〕の役目を担う。先に土台が現れ、少し遅れて右の旋律が聴こえるのであれば、土台の助けで右の旋律がごく自然に美しく豊かに共鳴する。Leschetizky〔レシェティツキ——引用者注〕が「左右をずらして弾くのは、フレーズの始め《ママ》の主要な音、強拍の上でなければならない」と言ったのは、そういう意味なのだ。しかし、Osokins の演奏は、左手の和声の支えがないままに右手を先にずらして弾くことがよくあった」

よりオーセンティック（正統的）だったのは『パガニーニの思い出』。ワルシャワ時代、パガニーニが弾く『ヴェネツィアの謝肉祭』に感銘を受けたショパンが、同じ主題にもとづいて書いた装飾的変奏曲だ。前にも述べたように、クレチンスキは、アラベスクや挿入句は細部にこだわらず、さっと一息で弾いたほうがよいというショパンの考えを伝えているが、オソキンスの演奏にもそんなところがある。

ショパン・コンクールは一七回に至るまで、ずっと「ロマンティック派」と「楽譜に忠実派」の戦いだった。パウル・バドゥラ＝スコダが、イーヴォ・ポゴレリチが、アレクセイ・スルタノフが、エフゲニー・ボジャノフが、「これはショパンではない」「リストのようだ」という理由で涙を飲んできた。

いっぽうで、ショパンの本質のひとつである一八世紀的な要素は、私が知るかぎり、あまり議論されていないような気がする。

たとえば、ルバート。二〇〇五年の優勝者ラファウ・ブレハッチはモーツァルトを思わせるシンプルなスタイルで、ポーランド派としてひとつの理想の形を示したが、コチャルスキが実践していた「ベルカント風ルバート」は用いず、メロディと伴奏の呼吸を合わせて歌っている。

二〇一〇年の第五位フランソワ・デュモンも、妻がベルカントの歌手で特有の歌唱法との関係を研究したと語っているが、左右を独立させたルバートは使っていない。

付点もしかり。先に、書類・DVD審査で「革命」、予備予選で「木枯らし」の練習曲《エチュード》の付点を楽譜より鋭く弾くコンテスタントを批判した審査員のエピソードを紹介したが、もしショパンの書法が一八世紀の流れを汲《く》むものであるとすれば、付点のリズムは曲のスタイルや性格によって鋭くなったり、逆に鈍くなったりとさまざまに変化する（そのよい例が『前奏曲』の九番だ。ここでは三連音符の三番目の音と付点の短いほうの音が同時に演奏される）。

「バロックの時代はリズムの解釈を余り厳密には書かず、演奏の際、リズムを鋭くしたり、或いは穏やかにしたり、リズムのニュアンスの違いを楽しんでいたようでした。ロマン派の時代になるとリズムをもっと正確に書くようになりましたが、ショパンはその時代にあってもバロックの記譜法をしばしば用いていた分け《ママ》です」（加藤一郎《かとういちろう》『楽譜に刻まれたショパンの音楽世界』）

加藤一郎によれば、「木枯らし」では記譜どおり厳格なリズムで演奏することが望ましいが、「革命」のようにエモーショナルな要素の強い楽曲では、音楽の進行に従って「タラッタター」が鋭くなってもおかしくないし、少なくとも間違いとは断定できないという（『ワルシャワの覇者』で、ジェヴィエツキによる「革命」のレッスン風景が紹介されているが、音楽が高揚するにつれて付点のリズムをひっかけるように歌っている）。

ゆきすぎた「楽譜に忠実に」の問題がここにあぶりだされる。

装飾法はどうだろう。ショパンは、自分のメロディの装飾は「まるで即興しているように弾かなければならない」と言っていたという。彼が弟子たちの譜面に書き込んださまざまなヴァリアント（異稿）を紹介するエキエル版は、その即興精神、音楽の流動性を明らかにし、「楽譜どおり弾くだけではじゅうぶんではない」ことを示唆しているのではないだろうか。

二〇一五年の場合、エキエル版のヴァリアントを弾いたコンテスタントは何人かいたが、問題にならなかったようだ。いっぽう、予備予選で永野光太郎が『ノクターン作品二七‐二』に自分で考案した装飾をつけて弾いたときの審査員席の反応をみれば、回避しておいたほうが正解だったことがわかる。「解釈の自由化」にともなって、二〇二〇年のコンクールでは、オリジナルな装飾をつけてノクターンを弾くコンテスタントが続出するだろうか。

二〇一〇年に審査員をつとめたケヴィン・ケナーは、もともと「楽譜に忠実派」だったが、ボジャノフに刺激を受けて、『マズルカ作品七‐五』のくり返し部分を「楽譜どおり」ではなく、自由なアイディアで装飾するようになったと打ち明けてくれた。

「ボジャノフは自由に装飾音を加えるような音楽家だと思います」とケヴィン・ケナーは私のインタビューに答えて言う。「その意味で、彼は楽譜に忠実ではないけれど、ショパンの精神を代表していると言えるでしょう」。

かといって、「楽譜に忠実な演奏家はショパンの精神を代表していない」ことにならないあたりが、演奏審査の難しいところだ。

コラム　二〇一五年の〝神〟はソコロフ

各音楽雑誌のインタビューから二〇一五年のファイナリストたちの理想のピアニストを抜き出してみると、「楽譜に忠実派」はほとんどいなくて、個性派や瞑想派が大勢を占める。

チョ・ソンジンは、よく聴くピアニストにラドゥ・ルプー、クリスチャン・ツィメルマン、マルタ・アルゲリッチ、ショパンではアルフレッド・コルトーとイグナツ・フリードマンの名を挙げる。留学先のパリではグリゴリー・ソコロフを二回聴き、「彼は本当に凄いです」と称賛する。

アムランもソコロフ、ルプーとディヌ・リパッティ。「クレイジーなホロヴィッツやアルゲリッチも大好き」とのこと。

小林愛実の好きなピアニストもアルゲリッチ。アルゲリッチも「愛実はとても好きよ」とエールを送る。

ケイト・リウは「エミール・ギレリスとグリゴリー・ソコロフが絶対的な存在」。

師のダン・タイ・ソンが「彼はソコロフのように弾く」と苦笑するエリック・ルーも、当然ソコロフが〝神〟。だからとてもゆっくりゆっくり。ソコロフも日本デビューのときは、スクリャービンのオクターヴのエチュードをバリバリ弾いていたけれど。

イーケ・トニー・ヤンのお気に入りは先生のダン・タイ・ソンと「クリスチャン・ツィメルマン、グリゴリー・ソコロフ、マルタ・アルゲリッチ」。

シシキンは「ウラディーミル・ホロヴィッツ、グリゴリー・ソコロフ、イーヴォ・ポゴレリチ、アルトゥール・ルービンシュタイン、セルゲイ・ラフマニノフ、……」とたくさんいる。

ネーリングの好きなピアニストもソコロフ。他にはポーランドのルービンシュタイン、ツィメルマン。

オソキンスも現代のピアニストで「間違いなく天才だ」というのはソコロフ。そして、ミハイル・プレトニョフ、アルゲリッチ。フリードマンはじめ一九二〇年代初頭に活躍したピアニストたちの「解釈者としての表現」に惹かれるという。

アリョーシャ・ユリニッチは趣味が渋くてアニー・フィッシャー。「すべてが自然でありながら深く、ありのままに音楽が流れているからです」という語り口は我々世代のピアニストのようで、私が彼の演奏に共感した理由もわかるような気がする。

第六章　指導者たちのコンクール

1　ダン・タイ・ソン

二〇一〇年のコンクールがフー・ツォンのコンクールだったとすれば、二〇一五年はダン・タイ・ソンのコンクールだったと言うことができる。

このコンクールは当初、審査委員長のポポヴァ＝ズィドロン門下が六名（ポーランド三、中国二、日本一）を数え、そのうち四名が第一次予選を突破して話題になった。その後、一名が第二次予選を通過して第三次予選に進出したものの、結局ファイナルには誰も残らなかった。ポポヴァ＝ズィドロン門下は総じて非常に折り目正しい演奏で、コンクール創設当時からの伝統を感じさせたが、個性的な演奏が評価された二〇一五年の傾向からすると、やや「楽譜に忠実」すぎたかもしれない。

第二次予選に進出した日本人のうちの一人有島京は、しっとりと優雅な演奏スタイルが好ましく、とくに『マズルカ　イ短調』はポーランド人審査員たちによって「本当のマズルカ」と称賛された。第三次予選に進出した中国のズー・シューは技術的にも音楽的にもしっかりしていたが、ファイナルに進むためには何か突き抜けるものが足りなかった。

いっぽう、ダン・タイ・ソンが「S」申告したコンテスタントは打率がよく、二一歳のケイト・リウ、一七歳のエリック・ルーとアニー・チョウ、一六歳のイーケ・トニー・ヤンが予備予選を突破し、アニー以外の三名はいずれもファイナルに進出しているのだ（もっとも、ケイトとエリックはカーティス、トニーはジュリアード、アニーはトロント王立音楽院に在籍しているから、学校での先生は別にいる）。ついでに言うと、ショパン・コンクールで予備予選に合格していながら七月のチャイコフスキー・コンクールで第二位に入賞したために棄権したジョージ・リーもダン・タイ・ソンのレッスンを受けており、もし参加していたらきっとファイナルに進出したことだろう。

ダン・タイ・ソンは演奏会でボストンにおもむいた際、ニューイングランド音楽院のマスタークラスでたくさんの優秀な中国系の子供に出会ったのだ。その一人が、チャイコフスキー・コンクール第二位のジョージ・リーであり、もう一人がショパン・コンクールで第四位にはいったエリック・ルーだった。

「エリックは驚くべき才能をもった子で、私のところに来たときからすでに成熟していました」と、森岡葉によるコンクール中のインタビュー（のち『ショパン』二〇一六年二月号に収録）でダン・タイ・ソンは語る。一四歳ぐらいのとき、『バラード第四番』や『ノクターン作品六二‐一』のような深い作品を弾きたいと言った。まだ早いと思ったが、実際に聴いてみると、「この子は音楽に対してきわめて繊細な感性を持っている」と感じたという。

ダン・タイ・ソン門下の共通点は、それぞれまったく演奏スタイルや音楽性が違い、師匠とも違っていることだ。

エリック・ルーの「遅いテンポ」についてきかれたダン・タイ・ソンは、「私はプレリュードをあんなふうに弾いたことはありません、絶対に（中略）。彼には自分自身のイマジネーションがあるんです。そしてそれには、とても説得力がある」と答えている。「ショパンは絶対にこう弾くべき、こう弾かなければショパンではないとは思わない」というスタンスのダン・タイ・ソンが大切にするのが、この「説得力」だ。やはりジリジリするようなテンポで弾くかと思うと、速いところは極端に速いケイト・リウのショパンについても、「私は彼女がどのように弾いてもいいと思っています。その演奏に説得力があり、人々がそれを受け入れてくれるなら……」と語っている。

カーティス音楽院でエリック・ルーと同じくロバート・マクドナルドに師事するケイト・リウは、エリックの仲立ちで、二〇一五年四月の予備予選以降にダン・タイ・ソンの指導を受けるようになった。ケイト・リウは、五月一二日から二〇日までソウルで開かれたアジア・パシフィック国際ショパン・コンクールで優勝している。このときの審査員には、ダン・タイ・ソンの他、ポポヴァ＝ズィドロン、ピオトル・パレチニ、ワルシャワのコンクールを主催するシヨパン研究所のディレクターで事前審査員もつとめたスタニスワフ・レシチンスキなど、ワルシャワ関係者が名を連ねていた。おそらく、この優勝でダン・タイ・ソンは、ケイトの演奏がポーランド人の琴線に触れ、忘れ難い印象を残すことを認識したにちがいない。

二〇一〇年に第二位となったインゴルフ・ヴンダーのように、「ポーランド人に愛される」というのが彼女の武器になった。というのも、第一次予選でのケイト・リウの成績は、他のダン・タイ・ソン門下に比べて芳《かんば》しくなく、アルゲリッチとネルソン・ゲルナーは二五点満点で一五点、アダム・ハラシェヴィチは一六点、ディーナ・ヨッフェとユンディ・リは一七点で「NO」を宣告している。ハラシェヴィチ以外のポーランド人審査員の評価は高く、シフィタワが二三点、ポブウォッカが二二点、パレチニは二一点、ポポヴァ＝ズィドロン二〇点、オレイニチャク一九点、ヤシンスキ一八点で全員が「YES」をつけたが、それでもぎりぎりだった。

ケイト・リウ

ファイナルでも、彼女の順位点はポーランド人審査員と他国審査員では奇妙に分裂している。満点の一〇点がついた人数ではトップ（三人）だったケイト・リウが、二人しかつかなかったチョ・ソンジンとリシャール＝アムランの下になったのは、点が割れたためである。裏を返せば、ポーランド人審査員が揃って支持しなければ、ケイトは入賞しなかったかもしれない。

　発表後、結果に不満なパレチニは「ケイト・リウが優勝すべきだった！」とくり返し言っていたという。インタビューでも「チョ・ソンジンは完璧なピアニストです。ピアニストとして不可能なことはないと思います。ケイトはピアニストではなくアーティスト。ショパンの魂に最も近いところにいると思います。彼女の〝間〟は絶妙でした。個人的には、ケイトをチョの上に置きたかったですね」（『全記録』）と語っている。

イーケ・トニー・ヤン

　一六歳で最年少の入賞者となったイーケ・トニー・ヤンは、ダン・タイ・ソンにメールでコンタクトを取り、YouTubeで演奏の動画を見てもらった結果、二〇一四年から指導を受けている。ダン・タイ・ソンの誤算は、トニーがファイナルまで行くとは思っていなかったことだろう。インタビューでトニーは、「コンチェルトの準備はまったくしていませんでした」（同前）と語っている。『協奏曲第一番』は、ずっと前に第一楽章だけ弾いたことがあるが、他の楽章はまだだった。結局、第三次予選終了後に三日間練習しただけで本番に臨んだという。本人の弁によれば「第1楽章は良かったとして、第2楽章はまぁまぁ。第3楽章はたくさんミスをしました。こんな大きな国際コンクールで披露する演奏にはなりませんでした」（同前）とのこと。コンクール期間中のダン・タイ・ソンは、門下生たちの想定外の上位進出にかなりナーヴァスになっていたと伝えきく。

輝かしい成果が出たあと、ダン・タイ・ソンはインタビューに答えて、「私がこのコンクールで優勝してから35年、35年経《た》ってようやく私の後継者たちがこのコンクールに戻って来たと感じています。〝二回目の勝利〟という感じです。3人で優勝の半分くらいですけど（笑）」（同前）と語っている。

2　ケヴィン・ケナー

ショパン・コンクールの優勝者は次世代を導き、後継者をつくりたいという燃える思いにかられるものらしい。クリスチャン・ツィメルマン（一九七五年第一位）も、自分以来のポーランド人優勝者となったラファウ・ブレハッチ（二〇〇五年）がコンクールに臨む前、多くのアドヴァイスを授けていたという。

「ラファウのすばらしいところは呑《の》み込みの速いことですね。コンクール前にちょっと指摘した箇所を5か月後で本番で完璧に仕上げた。自然で清らかで様式にのっとったショパンとして、恐るべき才能だと思います」（『全記録』）とコメントしている。

一九九〇年の最高位ケヴィン・ケナーもまた、二〇一五年のチョ・ソンジンの優勝に貢献した。ケナーがコンクール前にチョにアドヴァイスしていたことについては、日本での担当マネージャー、谷明子（アイエムシー音楽出版）を通じて話をきいたので、公にしてよいかと問い合わせたところ、以下のような回答をもらった。

「私は彼の公式な教師ではありませんが、実際は彼がチャイコフスキー・コンクールで入賞した直後から知り合いで、二〇一一年にも一度演奏を聴いてあげたことがありました。その当時もとても才能がある子だとは思いましたが、二〇一五年に入って彼がショパン・コンクールに向けての準備に取り掛かるまでは集中的にレッスンしたことはありませんでした。春の予備予選での演奏をネット配信で聴きましたが、その時には完全に準備できているとは思えませんでした。ですので、六月にパリで、七月には（ポーランドの――引用者注）クラクフで合計二〇時間くらいコーチングしました。八月に入り、フランスでの演奏会の録音を送ってきてくれましたが、たった一か月のうちに見違えるほど演奏が変わっていたので驚きました」

春の予備予選と秋の本大会を両方審査した海老彰子は、チョ・ソンジンについて、春は見事なピアニストだったが、秋は見事なショパニストになっていた、と賞讃している。いっぽう、審査委員長のポポヴァ＝ズィドロンは「チョはショパニストではないかも知れませんが、とても良いピアニスト」（『全記録』）という評価だ。チョには八点をつけたダン・タイ・ソンも「彼はバランスが良すぎて、少しクールというか、ラトヴィアの彼（オソキンスのこと――引用者注）のような、グイグイ心に迫ってくるような演奏はしません」と語る。

「ですがポリーニがそうであったように、必ずしもショパニストがショパンコンクールで優勝しなくてもいいのです。ショパンコンクールでは常にふたつの選択肢が交錯します。ハイレベルの総合的なピアニストを選ぶか、卓越したショパニストを選ぶかです」（同前）

たしかにチョ・ソンジンの完璧な指さばきと端正なアプローチはポリーニを思わせる。一五歳でショパンの練習曲《エチュード》の全曲演奏をしたというポリーニと同じように、チョ・ソンジンもまた一五歳で、ショパンの『練習曲《エチュード》作品一〇』を「2週間で全部弾けるようになりました」（下田「海外取材」）という驚くべきエピソードをもっている。

海老とポポヴァ＝ズィドロン、ダン・タイ・ソンのコメントは、「何がショパンか」について、審査員の間でも見解の相違があることを示している。

チョは『協奏曲第一番』について、「女性への想いがあるとしても、やはり初期ロマン派の作品だと思います。よく歌いながらもあまりに感傷的になりすぎることなく、純粋で清潔感のある演奏を心がけました」（同前）と語っている。ファイナルでは、チョの解釈を汲み取らなかったオーケストラとかみあわない部分が出てきたわけだが、ケヴィン・ケナーは私のインタビューに答えて「そもそもこのような初期のロマン派のコンチェルトを、本来重厚かつたっぷりとした響きを備えているワルシャワ・フィルのような大きなアンサンブルと演奏するということにも原因があるのです。九〇年のコンクールでも私自身同じような経験をしました」と説明する。

オーケストラや指揮者との確執は、一九九〇年のケヴィン・ケナーのほうがはるかに大きかった。彼は、演奏する直前の「自分の基盤を失うような経験」について以下のように告白している。

「(一九九〇年のファイナルで指揮した——引用者注)コルトは素晴らしい指揮者ですが、ショパンの協奏曲に関しては単に私と違う解釈をもっていたのです。私はフンメルのような、ショパンに影響を与えた作曲家が活躍した初期のロマン派にもっと近いショパンを表現したかったのです。(中略)でも、彼はそれをやりたくなかったのです。なぜなら、彼は芸術家だから、自分自身のやり方を信じていたのです。私は彼に、二楽章を少し弱めに演奏してくれないかお願いしました。でも(今なら分かりますが)そんなことは絶対に指揮者に言うべきではないのです」

ケナーが指しているのは、フンメルのどの協奏曲だろう。たとえば『ピアノ協奏曲第二番イ短調』は、カンティレーナ部分や華麗なパッセージにショパンとの類似点が多い。『ピアノ協奏曲第三番ロ短調』も全体の拍子構造が同じだし、第二楽章の伴奏音型や第三楽章のクラコヴィヤク風舞曲もよく似ている。とはいえ、全体的には古典の協奏曲の清楚《せいそ》さを漂わせている。

ケナーはショパンをその方向から解釈し、リハーサルの折に伝えたが、伝統的な解釈にこだわる指揮者は自説を曲げず、論争のようになった。

「私は、自分自身が小さな戦いの中にいる気分でした。そしてそれに一体どうやったら勝てるのかが分からない戦い。結果的に、オーケストラと一緒にいくべきか、自分で勝手にやりたいように弾くべきか、とても迷いました」

『第一二回ショパン国際ピアノコンクール――ピアノにかけた青春の栄光と涙　ワルシャワの熱き二〇日』（日本テレビ放送網、一九九一年一月四日放映）というドキュメンタリー番組では、ケヴィン・ケナーが最後の瞬間まで解釈のすり合わせをしようとしているシーンが紹介されている。結局溝は埋まらず、思いどおりの演奏ができなかったケナーは優勝を逃した。このとき、ケヴィン・ケナーにつづく第三位となった横山幸雄が「指揮者の解釈にまかせたほうが流れがよくなる、テンポもまるで違うが、自分はどうにでも弾ける……」と言っていたので驚いた。

横山自身に確認してみると、発言は一部だけを切り取ってつなげるので意味が違って伝わることがあるという。「室内楽でも協奏曲でも、相手があるものは自分の解釈を押しとおすのではなく、ある程度相手とすり合わせる必要がある」というようなことを言いたかったらしい。

二〇一五年のチョ・ソンジンは、ケヴィン・ケナーとも横山とも違う反応を示した。

「練習の時は、すごく遅いテンポで弾かれて、僕が弾き出したら、そこは合わせてくれました。

オーケストラだけの部分はまたゆっくりになりましたが、重要なのは自分が弾く部分だけだから、気にしませんでした」(『全記録』)

結果発表の翌日、一〇月二一日の入賞者演奏会でチョ・ソンジンは同じオーケストラ、同じ指揮者と同じ協奏曲を弾いている。私は聴いていないが、審査員の一人、ディーナ・ヨッフェによれば「別人のように」解き放たれた演奏をしたらしい。

インタビュアーが「どこをどう変えたの?」ときくと、自分の演奏をネットで聴き比べたというチョは「僕の演奏は全然変わっていませんよ」と答えている。

「オーケストラが変わっているんです。最初の時はとにかくうるさ過ぎた。厳密に言うと、第3楽章の僕のテンポはファイナルの方が少し速くなっています。でもそれ以外は、本当にまったく変えていません」(同前)。

インタビュアーに「受けた印象はまったく違ったものだった」と言われたチョが「オーケストラのせいです。第1楽章のオーケストラの序奏ですが、ファイナルの時は4分かかっているのに、ガラ(ガラコンサート。入賞者演奏会のこと——引用者注)の時は3分。1分も速くなっていました」(同前)と具体的に立証していたのが印象的だった。

ネット時代にはコンテスタントも反論できるのである。

3　孤軍奮闘したアムラン

ケヴィン・ケナーのアドヴァイスを得ていたチョ・ソンジンと、コンクール期間中もレッスンしてもらっていたダン・タイ・ソン門下の間にはさまれて、しかもポーランド人審査員の支持も得られなかったアムランは、自分一人の力で第二位とソナタ賞を勝ち取った。

二〇一六年一月二九日、入賞者演奏会のために来日中のアムランにインタビューしたところ、ファイナルでのポーランド人審査員の採点が、ケイト・リウと自分ではちょうど反対だったと言っていた。ハラシェヴィチはアムラン七点—ケイト九点、ヤシンスキは六点—一〇点、オレイニチャクは七点—九点、パレチニは六点—一〇点、ポブウォッカは七点—八点、シフィタワが八点—一〇点。審査委員長のポポヴァ＝ズィドロンだけがアムランに一〇点、ケイトとチョ・ソンジンに九点を入れている（一〇点満点）。

シャルル・リシャール＝アムラン
（撮影：薈田純一）

尊敬するピアニストはディヌ・リパッティ、ショパン解釈ではアルトゥール・ルービンシュタインのルバートを参考にしたというアムランは、ファイナリストではネーリングが一番好きだったという。ダン・タイ・ソン門下のエリック・ルーは「今回のショパン・コンクール一の偉大な才能だ」と語り、同じカナダのイーケ・トニー・ヤンについても「彼は若いし才能がある」と評価する。

温厚で懐の深いアムランの口から、「点の出方が反対」という発言が出たので少し驚いた。ワルシャワには入賞するために来たのではない、と彼は言う。たくさんのマネージャーが一堂に会しているだろうから、そのうちのどこかと契約が取れればと思っていたらしい。DVDは大学で収録してもらったが、書類審査に受かるかどうかもわからなかった。しかし、ワルシャワではとてもリラックスして自分の演奏をすることができたという。二〇一四年にモントリオール国際コンクールを受けたときは、こうはいかなかった。地元なのでまわりじゅう知り合いだらけだ。下手なことはできないというプレッシャーがあった。だから今回、ポーランド人コンテスタントを襲ったプレッシャーもよくわかる、と。

おまけに彼は、手があまり大きくない。身体は大きいが、手はドからミまでをかろうじて鍵盤の下からとらえるぐらいで、モントリオール国際のファイナルで弾いたラフマニノフの『協奏曲第二番』の一部の和音は、音をはぶいて演奏したそうだ。

アムランは晩成型である。五歳から一八歳まで、ルーマニア出身のピアノ教師にじっくりと育てられた。下田幸二のインタビューでアムランは、「彼はハノンを使って基本的な音階から丁寧に教えてくれましたが、それは必要最小限で、いつも音楽の想像性と創造性を大切にしてくれました」（下田「海外取材」）と語っている。

二四歳で人生で初めて受けたソウル国際コンクールで、第三位とベートーヴェンのソナタ賞を得た。ベートーヴェンのソナタは第二次予選に残った二四人全員が弾き、一二人のセミ・ファイナリストの発表と同時に自分にソナタ賞が与えられたので驚いたとアムランは語っている。国際コンクールで自分の力が通用するかどうか不明だったが、それで少し自信がつき、モントリオールを受けたところ第二位にはいった（このとき、ケイト・リウもファイナリストになっている）。

アムランのバランスのとれた音楽性は室内楽を通して身につけられたものだ。大学では、著名ではないが相性のよいアーティストとたくさん共演した、と彼は言う。そこで、フレージングや曲の構成について多くのことを議論し、楽器ごとの違いを知り、音楽について学んでいった。そのことが、彼の音楽を人間味のあるものにし、同世代のコンテスタントに比べてはるかに老成したパースペクティヴ能力を磨かせたのだろう。

たとえば、とアムランは語る。

ショパンの『幻想ポロネーズ』はすばらしい作品だが、最初に弾いたときは、それぞれの魅力的なフレーズにいちいち立ち止まってしまい、まとまりがつかなくなった。それでよく考えて、そのうちのいくつかはあまりを重きをおかずに弾くことにした。何回か演奏のチャンスがあるときは、そのつど強調する部分を変えている、と。

ペダリングもアムランの演奏を間近で聴いていた調律師が舌を巻いた。右のペダルについてはどのコンテスタントも微妙に上げ下げするが、アムランは左の弱音ペダルも同じように操作していたという。具体的にどうしたのかときいてみたところ、ワルシャワのホールは大変響きがよいので、無理して大きな音を出す必要はない、むしろ弱音でいろいろ表現すべきだと思ったとのこと。使用したヤマハのCFXのペダルは実にデリケートな操作を可能にしてくれたので、とりわけソナタの緩徐楽章で細かく踏んだとのこと。ソナタ賞を得たひとつの要因は、この微細なペダリングから生まれる色彩の綾《あや》だったにちがいない。

第二次予選、第三次予選でただ一人「YES」が満票だったアムランは、協奏曲では一人だけ『第二番』を選んだことで結果的に第二位になった。今回協奏曲を振った指揮者には、審査員も少なからず疑問を感じていたようだ。動作が大きく、拍を明確にする点がわかりにくい、という意見もあるし、コンテスタントによって振り方がまちまちだと指摘する審査員もいた。

ファイナリストが一〇人もいれば、相性はたしかにあるだろう。小林愛実の場合は、むしろ指揮者とオーケストラに愛されたという印象をもった。「オーケストラはよく合わせてくれて気持ちが良かったです。けれど私が合わせたところもある」と彼女は語る。「オーボエとの掛け合いなど、どちらもメロディです。一緒に音楽を作っていくから、どちらが伴奏というわけではない。仲良くして〝一緒に音楽を作る〟んですよね。よく聴いて」（『全記録』）。

指揮者志望のゲオルギス・オソキンスには、そんな謙譲の美徳はない。インタビューは喧嘩《けんか》腰で「わずか45分の通し練習1回で、コンチェルトを弾くなんて、僕には正気の沙汰《さた》とは思えない！」と言い放つ。事前の指揮者との打ち合わせは一〇分、自己紹介で終わったらしい。

「特に僕のコンチェルト演奏には、とてもたくさんの議論が必要なんです。コンチェルトのコンセプトを決められるのはソリストだけです。ですが、ここの指揮者とオーケストラには、ショパンの協奏曲に対するさまざまな慣習があります。僕はそれを捨て去って欲しかった。でもそれは、あの短時間ではしょせん無理でした」（同前）

私はその「短時間」に立ち会っている。たしかにオソキンスは通し練習のあと、再びピアノに向かい、ポイントの箇所を弾きながら自らの考えを示していたが、あっさり受け流された感じだったし、オソキンス自身もそれほど食い下がっている印象はなかった。

しかし、アムランはオソキンスのようにオーケストラや指揮者を罵倒《ばとう》することもなく、私が「本番でも副指揮者の役割をしていたようだが？」と水を向けても、「第二番はコミュニケーションをとる協奏曲だから」としか答えない。「皆が言うほど指揮者に邪魔されたとも思わない、むしろ自分に協奏曲経験があまりなかったから」と控えめに話していた。

アムランとチョ・ソンジンの協奏曲については、たぶん二〇一二年の浜松国際コンクールでの、佐藤卓史《さとうたかし》とイリヤ・ラシュコフスキーと同じことが起きたのだろうと思う。

ショパン・コンクールには室内楽のラウンドはないが、浜松国際コンクールでは、その年度から第三次予選でモーツァルト『ピアノ五重奏曲』の第一番か第二番を弾くことが義務づけられた。今の時代、練習曲はみな見事に弾くので、差がつくとすれば室内楽だろうという考えからだったときく。佐藤は見事なアンサンブルをきかせて室内楽賞を得たが、ラシュコフスキーは弦楽器とうまくコミュニケーションをとることができなかった。

ところが、ファイナルの協奏曲になったら、立場が逆転してしまったのである。そのときの指揮者、井上道義《いのうえみちよし》は好みが激しく、相性のよいコンテスタントには積極的に合わせるが、そうでない場合は非協力的になる。もっとも気の毒だったのはブラームスの『第一番』で放置された韓国のジュン・キムだったが、ショパンの『第一番』を弾いた佐藤の場合も、指揮者とアイコンタクトをとろうとしてことごとくはずされるために演奏が散漫になり第三位に終わった。対してラシュコフスキーは、プロコフィエフの『第三番』で委細かまわず自分のペースを貫いて優勝した。このあたり、「重要なのは自分が弾く部分だけだから」と重たいオーケストラを尻目《しりめ》に突き進んだチョ・ソンジンと似たところがある。

協奏曲も「合わせもの」だから室内楽の要素はあるが、有無をいわせぬ力でオーケストラをも圧倒する弾き手と、室内楽で他者と溶け合おうとする弾き手は、良い悪いではなく違う資質なのだとつくづく思う。

コラム　ダブル・メジャー――キャリアの問題

チョ・ソンジンはショパン・コンクールを受けた理由について、浜松国際コンクールとチャイコフスキー・コンクールのときはまだ韓国にいたので、入賞してもヨーロッパのステージ・オファーはそれほど多くなかった、ショパン・コンクールが「初めて知った国際コンクール」で、ラファウ・ブレハッチ（二〇〇五年第一位）やイム・ドンヒョク（同第三位）に憧れ、「『いつか出たい！』という思い」もあったと語っている（『全記録』）。

そして、パリの優勝記念コンサート後のインタビューで、以前は二〇回だった公演が、決まっているだけで六〇公演あると喜び、「準備は本当に大変なので、それを乗り越え、結果として示すことができる演奏旅行は僕にとって「休暇」と同じです」と加えている。

いっぽう、「華々しいキャリアなんて無縁の人間だと思っていた」というシャルル・リシャール＝アムランは、頻繁すぎる演奏旅行はあまり好ましくないと考えている。「ソンジンくんがどれだけのコンサートをこなさなければいけないかを見ましたよ。大変です。僕にはあんなスケジュールはこなせないな」（同前）。

アムランはコンクール時に二六歳で、国際コンクールを受けはじめたのは二四歳からだ。「21から23歳までは、勉強したり、室内楽に集中したりでコンクールを受ける余裕はなかったですね。イーケ・トニー・ヤンの歳では、まだ充分に準備ができてるとは僕には思えなかった（笑）」（同前）。

そのイーケ・トニー・ヤンは、まだ一六歳ということもあり、音楽は自分の生活の一面でしかない、「ハイスクールでは音楽以外の勉強にも打ち込んでいます」と語る。どんな勉強が好きかときかれて、「数学や物理学、生物学にも興味があります」と答える。演奏から受ける印象と違って、理系なのである。

「まだ、ピアニストになると決めているわけではないのですか」ときかれ、「それは夢ですね」と返す。

「両親は、これからの時代にピアニストとして生活していくことができるのかを心配しています。音楽家では、本当のトップにならなければ満足のいく報酬を得ることはできませんから。でも僕はトライしてみるつもりです。僕にはまだ時間がありますから。音楽家を最初に志して、その後で普通の大学に戻ることはできます」（同前）

ダブル・メジャーを実践しているのは、フランスのオロフ・ハンセン。フランスでは音楽は音楽院、一般教科は大学で学ぶので、ピアノと並行してエンジニアの勉強もしているとのこと。アルバイトでポピュラー歌手の伴奏をしたり、ピアノの個人レッスンや数学の家庭教師で生活の糧を得ているそうだ。

一二歳で渡仏した丸山凪乃は、パリ国立地方音楽院と公立のリセ（高等中学）を両立させた。音楽院での授業と一般教育をともに学ぶ学生を対象とした教育制度「オレール・アメナジェ」に登録し、午前中はパリの公立中学へ、午後は音楽院とダブル通学。見事首席で卒業し、二〇一六年秋からはパリ国立高等音楽院に進学する。

第七章　コンクールの相対性

1　チャイコフスキー・コンクール

第一七回ショパン・コンクールが終わり、二〇一六年一月の日本での入賞者演奏会も終わった時点で、あらためてコンクールとは何かというようなことを考えてみたい。

二〇一五年六月、ショパン・コンクールの予備予選から二か月後、急遽プレスパスを入手して、クローズド（非公開）で開催されたチャイコフスキー・コンクールの予備予選を聴きに行った。ワルシャワに出場した一部ロシア人コンテスタントのレヴェルが予想外に低く、前回のロシア勢の充実ぶりから鑑《かんが》みて、こんなはずではないだろうと思ったからである。二〇一五年は四年ごとに開催されるチャイコフスキーと重なっているので、主要コンテスタントはそちらにエントリーしたのかもしれないと考えた。

しかしまた、二〇一五年のチャイコフスキー・コンクールは主催者側の大英断で審査員の門下生は受験不可能となったので、当然のことながら人数が激減したという話もはいってきた

（タチアナ・ニコラーエワの孫のタラソヴィチ＝ニコラーエフも、師匠のドレンスキーが審査員のため受けられず、ショパン・コンクールとイギリスのリーズ国際コンクールにエントリーした）。実際、書類・DVD審査の倍率はたった二倍だったらしい。ショパン・コンクールは約三分の一しか予備予選に進めなかったのに。

チャイコフスキー・コンクール予備予選の結果発表

ところが、蓋《ふた》をあけてみると、選ばれた六一名、とりわけロシア勢は壮観だった。

前回ショパン・コンクール第二位のルーカス・ゲニューシャス、ファイナリストで人気者になったニコライ・ホジャイノフ、前々回（二〇〇七年）チャイコフスキー・コンクール第三位のアレクサンダー・ルビャンツェフ、エリザベート王妃国際コンクール第四位（二〇一〇年）のユーリ・ファヴォリン、やはりエリザベート第四位（二〇〇七年）で浜松国際コンクール優勝（二〇一二年）のイリヤ・ラシュコフスキー、若手の登竜門クライネフ・コンクール優勝（二〇一五年）のダニール・ハリトーノフ、ベートーヴェン・コンクール第二位（二〇一三年）のアンドレイ・ググーニン。

ショパン・コンクール参加者でも、ウクライナのディナーラ・クリントン、ロシアのドミトリ・シシキン、ロマン・マルティノフ、イギリスのアレグザンダー・ウールマン、アメリカのジョージ・リー、韓国のチホ・ハンなどがエントリーしていた。

曲目が違うから一概には比較できないが、モスクワの予備予選で聴いたロシア人と、ワルシャワのロシア人コンテスタントの間には歴然としたレヴェルの差があるように思われた。何より、ワルシャワの予備予選ではほとんど体験できなかったわくわくするような高揚感を味わうことができたので、モスクワまで足を運んだかいがあった。

両方エントリーしていたコンテスタントの戦績は以下のとおり。ショパン・コンクールで予備予選免除だったのはクリントン（チャイコフスキーは第一次予選落ち、ショパンはセミ・ファイナリスト）、両方とも予備予選に合格したのはシシキン（チャイコフスキーでは第一次予選落ち、ショパンは第六位入賞）、ジョージ・リー（チャイコフスキーは第二位、ショパンは棄権）、ウールマン（ショパンは第二次予選落ち、チャイコフスキーは第一次予選落ち）の三名。

このうちジョージ・リーは、両コンクールの性格の違いを体現していて興味深かった。ワルシャワでは、保守的な傾向にある審査員の好みに合わせてかオーソドックスな解釈で通し、よりエンターテインメント性が歓迎されるモスクワでは、リスト『ハンガリー狂詩曲第二番』でラフマニノフのカデンツァをつけるなどヴィルトゥオーゾ的な魅力を発揮していた。

ディナーラ・クリントンも印象的なステージだった。プロコフィエフ『サルカズム』は色彩感豊かで、あちこちからオーケストラの楽器、たとえばファゴットやクラリネット、チェレスタやオンド・マルトノが聞こえてくるような気がした。低音でチューバのような音がするので観察したところ、瞬間的に力をかけ、手をぱっと上げている。リスト『鬼火』も幻想的で、手が交差するところなど本当に鬼火がとびかっているようだった。同じクリントンが、ワルシャワでは極彩色よりもむしろ響きの濃淡、グラデーションの魅力で勝負したのは、土地柄を考慮してのことだろうか。

ショパン・コンクールは受かったがチャイコフスキー・コンクールで落ちたのは、ロマン・マルティノフとチホ・ハン。後者はショパンで第三次予選まで進出したが、前者は第一次予選で敗退している。チホ・ハンは腕達者なピアニストだ。チャイコフスキーではアルカン『イソップの饗宴《きょうえん》』で超絶技巧を披露したが、ベートーヴェンの『ソナタ第二八番』がやや表面的だったか。

ロマン・マルティノフは、ショパンとチャイコフスキーの違いを計るリトマス試験紙のような存在だった。ワルシャワの予備予選ではコンクールを救った……ように思われたマルティノフが、モスクワでは線が細く聞こえたのは、周囲が重量級で占められていたためばかりでもあるまい。

逆のケースはポーランドのユリア・コチュウバン。ショパン・コンクールでは絶対に受かると思ったし、チャイコフスキー・コンクールではベートーヴェンが粗かったので絶対に落ちると思ったが、なぜか反対になった（彼女はその後、第三次予選で弾いたショパン『ソナタ第三番』でメモリーの混乱を起こし、ワルシャワの裁定のほうが正しかったと思わせた）。

すっかり勘違いしたのはラトヴィアのオソキンス。ショパン・コンクールでマイ椅子を持ってきたゲオルギス・オソキンスと同一人物だと思っていたから、普通の椅子で弾くのにびっくりしたが、あとできいたらこちらは兄のアンドレイスだったらしい。予備予選は合格したものの第一次予選で姿を消したが、ショパンのオソキンスよりずっとオーソドックスなアプローチで意外に思ったことをおぼえている。

結果もだが、この重要なセレクションで審査員がたったの四名。しかも、そのうちの一人バリー・ダグラスは演奏旅行のため初日の午後は欠席だったらしいことにも驚いた。ワルシャワでは、ユンディ・リが第一次予選の途中から姿を消して物議を醸したが、モスクワでは問題にもならなかったあたりもおもしろい。

国際コンクールというのは、開催国の国威発揚の場でもある。ある程度自国のコンテスタントを擁護しようとするのは、致し方のないところだろう。しかしまた、国際と銘打つためには、他国から有力なコンテスタントが応募する必要がある。昔、日本国際音楽コンクール第一回（一九八〇年）が開催されたころ、事務局長が知り合いの海外の先生たちに、生徒を出場させるように電話をかけまくっていたものだ。「外国人がいなきゃ国際コンクールにならない！」という直截すぎるコメントは胸に突き刺さった。

ショパン・コンクールの予備予選でもポーランド人が一五名残ったが、チャイコフスキー・コンクールとは事情が違う。ポーランドの場合は、一部のコンテスタントを除けば国際的にはさほどレヴェルは高くない。ロシア人の地力は圧倒的なので、卓球における中国のように、競争相手が同国ばかりになる可能性もある。

チャイコフスキー・コンクールの予備予選のリストを見たとき、まさか三〇人の通過者のなかで二〇人がロシア人ということはないだろう、それでは国内コンクールになってしまうと冗談を言っていたのだが、蓋をあけたら本当にそれに近い数字（三六名中二二名）になった。

ロシア人の有名ピアニストでは、ホジャイノフ、ルビャンツェフが落選。意外だったのは、ラフマニノフのソナタとともに自作を弾いたナタリア・ソコロフスカヤが合格していたことだ。彼女は二〇一〇年のショパン・コンクールでは第一次予選でたった三人しか落ちなかったロシア勢の一人だった。二六歳で、モスクワ音楽院でピアノと作曲を同時に専攻しているという。楽譜が出版されていればよいらしいが、『パガニーニの主題による変奏曲』なる作品を聴いても、果たしてうまいのかどうかさっぱりわからなかった。

2　ねじれ現象

「はじめに」で書いたとおり、ショパン・コンクールの取材を思いたったのは、二〇一〇年の追加招集事件がきっかけだった。若者の純粋な夢とそれに水をかける事務局側の不手際、クローズドでおこなわれるため、選考基準が不透明な書類・DVD審査。

二〇一五年は誰も異議をとなえなかったので、当初発表された一五八名の名簿は、そのまま予備予選出場者の名簿となった。

私が申し込みを知っているピアニストのなかには、そのリストに記載されていない人も何人かいるが、今回はエントリーシートが発表されていないので、公表するわけにもいかない。チャイコフスキー・コンクールの第一次予選に出場したあるヨーロッパのピアニストに話をきいたら、ワルシャワでは書類・DVD審査で落とされたと言っていた。

コンクールというのはおかしなものだ、とそのピアニストは言う。審査員のもっぱらの関心は、自分の公式の、あるいは非公式の生徒に有利になるよう、対抗馬になりそうなコンテスタントを早い時点で排除しておくことにあるらしい……。

そうかもしれないし、そうではないかもしれない、としか言えない。というのは、実力が拮《きっ》抗《こう》するこんにち、同じピアニストが、あるコンクールでは成功し、別のところでは失敗するのはよくあることで、それをすぐに審査の不正に結びつけることは困難だからだ。

二〇一五年に開催されたいくつかの大会を見るにつけ、浮かびあがってくるのは、コンクールというものの果てしない相対性だった。たとえば、チャイコフスキー・コンクールの予備予選でベートーヴェンの後期ソナタ一曲で勝負してうまくいかなかった韓国のジュヒョン・パクは、ロン＝ティボー・コンクールでは第四位にはいったが浜松国際コンクールでは第一次予選落ちした。やはりチャイコフスキーの予備予選で落ちたイタリアのアレクサンデル・ガジェヴは、浜松国際ではなんと優勝してしまった。

私は、モスクワでガジェヴの弾くストラヴィンスキー『ペトルーシュカ』を聴いているはずだが、浜松国際の第三次予選で同じ曲を聴いたとき、すぐには同一人物と結びつかなかった。チャイコフスキーのときのメモを見ると「オクターヴや和音が硬い。ロシア人に比して音色が少ない」と書いている（ガジェヴもロシア系なのだが）。モスクワの予備予選では、舞台の情景がまざまざと見えるようなユーリ・ファヴォリンの『ペトルーシュカ』が忘れられなかった（そのファヴォリンも本大会では第一次予選落ちだった）。浜松国際の第三次予選では、一二名中四名のコンテスタントが『ペトルーシュカ』を弾いたが、ガジェヴの演奏がとりわけ印象に残ったのは、彼がそのとき色彩感豊かなシゲル・カワイのピアノを選択したからか、まわりのコンテスタントとの比較の上だったのか、それともガジェヴ自身の調子がよかったからか、半年で大きく成長したからなのかはわからない。

二〇一二年の浜松国際の入賞者記者会見で、審査員の一人アリエ・ヴァルディが優勝者イリヤ・ラシュコフスキーに、「今日は君の日だった」と言っていたのが印象に残っている。そのラシュコフスキーも、二〇一〇年のショパン・コンクールでは、第三次予選に進めなかったたった一人のロシア人コンテスタントとなった。そして、二〇一五年のチャイコフスキーでも第二次予選で姿を消した。まだ受けるのか？　と思ったのをおぼえている。

ねじれ現象は、日本で開催されたショパン・コンクールの二つのプレ・セレクションでもみられた。ひとつはアイエムシー音楽出版が運営する「ショパン国際ピアノ・コンクール in ASIA 派遣コンクール」である。第一次予選、第二次予選は前年中にすませ、第三次予選と最終審査が二〇一五年一月に昭和音楽大学テアトロ・ジーリオで開かれた。

ポーランドから招聘される審査員は二〇一五年の審査委員長ポポヴァ＝ズィドロンはじめ、アンジェイ・ヤシンスキ、ピオトル・パレチニ、エヴァ・ポブウォッカなど、ワルシャワのコンクールとほぼ同じメンバーが揃うから、顔を売っておきたいコンテスタントには願ってもない機会となる。演奏曲目は本場と同じプログラムだし、また、最終審査合格者には予備予選におもむく際の往復航空券が支給される。

第三次予選の出場者は二二名。ここで九名に絞られ、最終審査で七名が推薦された。といっても、この七名がただちにワルシャワに派遣されるわけではなく、三月に発表されるワルシャワの書類・DVD審査に合格することが条件になる。そして蓋をあけてみると、推薦者のなかで予備予選に参加を許されたのは片田愛理《かただあいり》、古海行子、ヂュー・ワン（中国）、鶴澤奏《つるさわかなで》、尾崎《おざき》未空《みそら》の五名のみだったのである。さらに秋の本大会出場者となると、古海とワンの二名にとどまった。いっぽう、ワルシャワの書類・DVDに合格しながら「in ASIA」の最終審査に残らなかったため、航空券が支給されない参加者も五名いたが、こちらの本大会出場は三名にのぼり、そのうち中川真耶加が第二次予選に進出するなど、内外の価値観の違いを如実に反映させた結果となった。

三月には、日本でのもうひとつのプレ・セレクションとして、私が理事をつとめる日本ショパン協会主催の「日本ショパンピアノコンクール 2015」が開催された。日本ショパン協会ではコンクールへの「派遣オーディション」を実施していた時期があるが、その後ワルシャワのほうで世界各地のショパン協会からの派遣を受け入れないことになり、二〇〇〇年は「推薦オーディション」、二〇〇五年からはコンクール方式で実施している。二〇一五年は開催時期が悪く、すでにワルシャワの書類・DVD審査の結果が発表されていたので、参加承認者五〇名のうち七名が棄権した。

課題曲はすべてワルシャワでのコンクールに準じている。第二次予選には一二名、本選に六名が進出したが、不思議なことに入賞者三名の名前は――エントリーの有無は不明だが――ワルシャワの予備予選の出場者リストには載っていない。いっぽう、日本でのファイナリストの二名をはじめ第一次、第二次予選で姿を消したコンテスタントたちが、ワルシャワでは予備予選に参加が認められていたのである。

このあたり、いかに現在のピアノを学ぶ若者の実力が拮抗していて、ほんの少しのことで結果が左右されるかということを示しているように思う。

3 審査の難しさ

コンクールというのは、出場者の全体的な傾向、審査員の顔ぶれ、その他もろもろで、何がポジティヴに、何がネガティヴに判定されるか、その場になってみないとわからないようなところがある。演奏技術が拙く、「弾けている」「弾けていない」の差が甚だしかったころはスポーツに似た基準で判定することもできたが、こんにちのように教育システムが発達してしまうと、技術面ではほとんど差がつかない。いきおい解釈勝負になるわけだが、「ショパンらしい演奏」とは何か？ に対する答えはひとつではない。「ショパン・コンクールの歴史」の章でみたように、そもそもショパンの本質とは違う（と思われる）スタイルがずっと尊重されてきたふしもある。

開催年度によっても「ショパンらしい演奏」の基準が変わる。本書でくり返し語っているように、審査の基準が明確ではないために、どうして落とされたのかわからない、何を改善したらよいのかわからないということに苦しむコンテスタントは多い。師事する先生に、あるいは公開講座でレッスンを受けた海外の先生に「ショパンとはこうあるべきだ」「ショパン・コンクールではこのようなことは慎むべきだ」と指導され、そのとおりに弾いたつもりなのに結果がともなわなかったと悔やむ人もいるかもしれない。

結果とは別に、個人的な判断基準もある。明らかに演奏を失敗したら、そのことへの悔悟の念に襲われる。自分なりにうまく弾けたら弾けたで、それでも通過できなかったという無力感が残る。国際コンクールの多くは、自分が満足いくように弾けたからといって通過できるような甘い舞台でもない。自分の存在そのものを否定されたようないたたまれない気持ちは、どのラウンドで終わった人にも共通していると思う。

ショパン・コンクールの本大会では、ラウンドごとに審査員に意見をきく機会が設けられる。審査員全員が出てくるわけではなく、審査委員長は出席するが、他はポーランド人審査員が多い。情熱的な演奏が好きな審査員からはもっと歌って弾くように言われ、端正な演奏が好きな審査員からは、自分は通過する点を入れたと告げられ、わけがわからなくなったと語るコンテスタントもいた。

ヨーロッパからの参加組は結果が出たらすぐに帰国する。落選後は宿泊代を自分で支払わなければならないからだ。日本からきているコンテスタントは、ファイナル終了後の飛行機のチケットを取っている人が多い。三階にはコンテスタント用の座席が用意されている。そこで聴くうちに、こんなすばらしいピアニストぞろいなら自分の結果は当然だと思い、数々の演奏を参考に勉強できるようなら幸せだ。しかし、もし疑念を抱くような演奏を聴いたとき、どんなにむなしい気持ちになるだろう。

私の乏しい審査経験によれば、自分自身の採点に対して公平であることがまず難しい。初日の最初のほうは基準が定めにくいので辛めの採点になる。長時間聴いているうちに疲労が重なってくる。審査が何日にもわたる場合は、午前と午後、あるいは一日ごとに審査評を提出することを求められる。すると、たとえば初日の午前中と三日目の午後で本当に同じ基準で採点していたのか、自信がもてなくなることもある。コンクールによっては、最後にもう一度修正の機会が与えられることもあるが、多くの場合はそのままである。

二〇一〇年のショパン・コンクールに審査員として招かれたケヴィン・ケナーもまた、可能なかぎり真摯《しんし》に審査するために、以下のような自主規定を設けているという。

「演奏を評価する際に、審査のポイントをいくつかのグループに分け、それぞれのグループごとにおおよその数値を当てはめ、さらにそれらの点数がより正確であるよう気をつけるようになりました。時には自分自身が少し疲れている日があったりもするので採点では細心の注意を払っていました」

作品やコンテスタントによる認識のばらつきもある。これは多くの審査員が語っていることだが、ベートーヴェンやショパンなど、隅々まで知りつくしている作曲家の作品は、どうしても採点が辛くなりがちである。また、古典よりもロマン派、ロマン派よりも現代曲のほうが粗が目立ちにくく、採点は甘くなる。これは、さまざまな作品が演奏されたチャイコフスキー・コンクールの予備予選でも実感したことである。

また、そのコンクールで初めて聴くピアニストと、自分が個人的に知っている、あるいは何かの機会に聴いたことのある人では、評価基準が変わってくることもある。前に聴いたことがあれば、それとの比較で「よくなった」「悪くなった」が採点に微妙に反映することもある。まったく初めてのコンテスタントの場合は、すっと耳にはいってくればよいが、そうではない場合、演奏スタイルに慣れるまでに時間がかかることがある。不幸にして、審査員がそのコンテスタントに共感をもつ前に姿を消してしまうこともある。

現在、多くのコンテスタントが各地をまわって審査員が講師をつとめるマスタークラスに参加しているのは、いわゆる「顔を売っておく」他に、その審査員の耳に自分の演奏スタイルという磁場をつくっておく意味もあると思う。

しかし、一番の分かれ道となるのは解釈についての基本的な姿勢だろう。ピアノの指導は門下制のため、「ノイエ・ザッハリヒカイト（新即物主義）」を旨とする流派は弟子も孫弟子も「楽譜に忠実に」という価値観で育つ。そのグループは、「ベートーヴェンはこのように演奏すべきだ」「あれはショパンではない」などと感じ、「正しい」解釈と「間違った」解釈があると主張する。いっぽうで、解釈や個性に寛容な考えを示す審査員もいて、その比率によってコンクールの傾向は確実に変わってくる。

ケヴィン・ケナーは、二〇一〇年の審査員をつとめるまでは、大学教授や音楽学者より演奏家のほうが多様なアプローチを認めるオープンな心をもっているだろうと思っていたという。一九八〇年にポゴレリチ問題が起きたとき、伝統的な環境で「正しい演奏法」を学んでいると信じていたケナーは「こんなのはショパンではない」と思ったが、その年審査員をつとめたチェルニー＝ステファンスカは「彼の想像力は尊敬に値する」と、ある程度評価した（彼女は度量の広い聴き手で、一九九五年のスルタノフの演奏も絶賛したという）。このときの経験からケナーは、演奏家出身ならコンテスタントが斬新な解釈で弾いたとしても、演奏家としての力量を感じることができたら採点に反映させるだろうと信じていたという。

しかし実際には、二〇一〇年のコンクールでわかったのは、「コンサート・ピアニストというのは非常に主観的だ」ということだった。

「演奏家は自分が演奏している瞬間に「自分の解釈が一番正しい！　これが答えだ！」と強く確信しているため、自分と違う演奏を聴けば「なんてひどい！」と言って、理屈抜きに賛成できないという態度をとることがあるのです。大学の教授や音楽学者はある意味もっと客観的だと思います」

審査員をつとめていると、自分の採点や価値基準とは別に、審査員室の空気がある方向に流れていくのを感じることがある。コンテスタントや審査に関する話題を一切禁じるコンクールもあるが、そこまで規定していないケースが大半である。本当に公平を期すなら、審査員同士をグループにしない、各テーブルにスクリーンを立てる、審査期間中はテレビもラジオも電話もインターネットも禁止するしかないが、そんなことは不可能だろう。

また、ごく稀《まれ》にだが、自説を滔々《とうとう》と主張する審査員がその場を支配するケースもある。小山実稚恵によれば、それが二〇一〇年のショパン・コンクールで起きたことだった。

「審査員室の雰囲気はいかがでしたか。審査員の間で作品や楽譜について活発な議論が展開されたと聞きましたが」という私の質問に小山は次のように答えている。

「楽譜のことだけでなく、自分の音楽観も強く肯定する。音楽家はよくも悪くも感情が豊かというか、情の深い人間が多いんでしょうか（笑）。審査員は皆、あの激しい気性ですから、何者にも抑えることはできない感じでしたね（笑）。私も時にハッキリ強く意見を言うことはありますが、それでも他の人に比べると、激しさの種類がまったく違っていました。人格そのものですから、そこはもう誰にも止められません。（笑）」（小山・青柳「日本人がショパン・コンクールで優勝できない理由」）

審査員室というのはまことに特殊な環境である。

コラム　ピアノ取り替え事件

秋の本大会で使用するピアノはヤマハ、カワイ、スタインウェイ、ファツィオーリの四台。

私の感覚では、ヤマハはハーフタッチが効くので繊細な表現がしやすく、スタインウェイはもう少し鍵盤の深いところで操作する必要がある。カワイは豊かな色彩が魅力だが、コントロールにはそれなりの熟練が必要。ファツィオーリはベルカントに歌ってくれるが、個体差が大きく、楽器によってはタッチがやや指にからみつく。これだけ個性が違うのにセレクション時間はたった一五分だから大変だ。

優勝したチョ・ソンジンは、練習曲《エチュード》を三曲弾く予備予選では反応のよいヤマハを選び、本大会はスタインウェイ。調律にはあれこれ注文をつけたという。

第二位のリシャール＝アムランは、最初にさわったヤマハに惚《ほ》れ込み、次にファツィオーリを弾いたがあまり合わなかったので、他は試さずにヤマハで通した。ファツィオーリも弾きこめばよい楽器だと思ったが、そのためには三〇分は練習する必要があり、その時間がとれなかったとのこと。

第三位のケイト・リウは、ずっとヤマハを弾いていたのに、オーケストラと共演するファイナルだけ「より輝かしいサウンド」（『全記録』）のスタインウェイに乗り換え。コントロールするのが難しかったらしく、彼女にしてはややミスが多くなった。

ケイトと仲のよいエリック・ルーもまったく同じ選択。

「私も一九八〇年のとき予選はずっとベーゼンドルファーを弾いていたけど、本選は協奏曲だからブリランテな音のほうがいいだろうとスタインウェイを選んで失敗した」とは審査員の海老彰子。

第五位のイーケ・トニー・ヤンと第六位のシシキンはずっとヤマハ。二人の音はまるで違っていて、シシキンはずしんと重いし、トニーは柔らかいけれどときどき乱反射してしまう。同じヤマハなのに、オソキンスが弾くときだけ別の楽器のように神秘的に鳴り響くのは椅子の高さゆえだろうか。

カワイは、ミハイル・プレトニョフが弾きはじめたので世界的認知度が上がった（しばらく指揮活動に専念していたプレトニョフは、二〇一二年にシゲル・カワイに出会ってからピアノ演奏への情熱を取り戻したという）。第三次予選ではガリーナ・チスティアコーヴァとチホ・ハンが弾いていたのだが、二人もファイナルには進めなかった。柔らかいタッチでもっともカワイを弾きこなしているように思った中国のチャオ・ワンは第二次予選で姿を消した。

小野田有紗は、第一次予選ではカワイを弾き、第二次予選ではスタインウェイを選択したのに、事務局の手違いでステージにはカワイが置かれており、演奏の直前に楽器が変更されるアクシデントがあった。

終章　コンクールの未来、日本の未来

1　傾向と対策の限界

二〇一五年のショパン・コンクール。日本人は一〇年ぶりにファイナリストは出したものの、第二次予選に出場したのが五名、第三次予選は一名と全般的にふるわなかった。ひとつには、この年は重要なコンクールが重なり、たとえば阪田知樹《さかたともき》、北村朋幹《きたむらともき》、反田恭平《そりたきょうへい》のような世界と戦う力をもつ逸材がワルシャワにエントリーしなかったこともある。

指導者レヴェルでは、二〇一〇年の反省があまり活かされていなかったようにも思う。五年前の審査をした小山実稚恵から、日本人は点数をつければそこそこ行くが、積極的に次のラウンドに進ませたいかどうかを問う「YES／NO」方式には弱いと指摘されていた。また、指はよく動くがタッチが浅く、音に密度や質感が欠けていたとも指摘された。こうした問題点は二〇一五年も持ち越されたように思う。

春と秋の審査をつとめた海老彰子は、下田幸二のインタビューに答えて次のように語る。

「日本人の全体的な傾向としては、どう演奏をするかという以前に、その音楽が持っている意味をもっと深く掘り下げる必要があるでしょう。ショパンの作品が持っている真実をもっと。少し皆さん子供っぽいでしょうか。なんというのでしょう……マニキュアをしているような表面的な音楽に終わっている気がいたします。（中略）日本は音楽家を育てる体制自体から考える必要がありそうです」（下田「海外取材」）

これまでショパン・コンクールを受けるにあたって、本場であるワルシャワに留学し、ポーランドの教授たちが伝えるオーセンティックな解釈を学び、その成果をコンクールの場で発揮する形が多かったように思う。現在でもそのスタイルはつづいているが、残念ながらあまり結果には結びつかなくなっているように思う。おそらく、コンクールそのものが大きく変化していて、日本人コンテスタントと指導者の多くはその波から取り残されているという印象をもつ。

アジア人が全滅した二〇一〇年のコンクール後、ダン・タイ・ソンは『ショパン』二〇一〇年一二月号のインタビューに答えて、アジア人の問題について以下のように語っている。やや長くなるが、実に的を射ているので引用する。

「コンクールでは「上手に弾ける」だけではだめです。テクニックに関しては、アジア人もみな言うことはありません。でもさらに、なにか「特別なもの」が必要です。ミスなく弾ける準備をするだけでは充分ではありません。いかに特別な何かを聴き手に伝えるかも、準備しなければなりません。アジア人の多くは、上手に弾く準備はできています。でも、それは指導者の教えそのものでしかない。とても受動的。それでは説得力というものが伴いません。対してヨーロッパからの参加者は、時にやりすぎの場合もあるけれども、聴き手を納得させるだけのパワー、説得力を持っています。

アジア人は「応用力」がないとも言えます。先生の教えを受けるのはいい。でもそれを充分に消化したうえで、自分独自の表現方法を探さなければいけない。そういう積極的な姿勢がとても重要です。それが「芸術的である」ということなのです。アジア人はふたつのグループに分けられると思います。ひとつは「直感」で弾いているグループ。もうひとつは「感情」で弾いているグループです。いずれにしても楽曲全体のバランスが悪い。「論理的な根拠」を得るためには、演奏に対するコンセプトを持ち、楽曲の構造・形式を感じて弾かなければだめです」(聞き手・高坂はる香)

ダン・タイ・ソンが、二〇一五年に大きな成果をあげた中国系アメリカ人エリック・ルーの指導を始めるのが、ちょうどこのあたりのタイミングなのだ。おそらく彼は、二〇一〇年の審査の動向を見定め、次回に向けての読みを深めたにちがいない。

コンクール後の二〇一五年一一月七日、NHK文化センター青山教室で「栄光のショパン・コンクール」という講座を開き、一九九〇年の第三位、横山幸雄と語り合った。横山自身も、第一七回には何人かのコンテスタントを送り込んでいた。自分が受けたときは「好きなものを弾いた」が、自分の生徒を出すときは選曲から何からいろいろと計算するらしい。

第一七回の日本人コンテスタントは小林愛実も含めてみな体格が小さかった、と横山は言う（たしかに、三重野奈緒と小野田有紗をのぞいては小柄だった）。日本人の間では小さくても何とかやっていけるが、海外のコンクールで二メートル近いピアニストと競う場合は、どうしても物理的に差が出てしまう。オクターヴは、日本人の場合は手をいっぱいに開くという感覚だが、彼らにとっては六度ぐらいの感じ。『練習曲《エチュード》作品二五－八』などは手が大きければ簡単に弾けてしまう。手が小さいことを悟られないような奏法や選曲を工夫する必要がある、という指摘には膝を打った。

自分が受けたときは「才能を発掘する」という感じだったと思うが、最近ますますオリンピックのように「競技化している」と感じる、と横山は言う。音楽は競うものではないし、多様な価値観がある。しかしそうは言っても世に出る手段としては仕方ない。

次回、次々回に向けて何をしなければならないかと尋ねると、横山は「日本のピアノ教育の環境があまりよくない」と言っていた。子供のころからコンクールやオーディションがあり、師弟ともどもがんばっているが、将来国際舞台に出たらどう評価されるかまでヴィジョンを描かずに狭い価値観にとどまっている。そのずれのようなものの弊害が今出てきているのではないかと思う、とのこと。

日本の文化や気質特有の受け身の姿勢も問題だ、と横山は言う。解釈は多様で、指導者はその一例を示しているにすぎないのに、日本の学生は自分の考えを言わず、必ずしも納得していない場合も唯々諾々《いいだくだく》と従う。同じことは、私も北京中央音楽院を視察したときに感じた。カーティス音楽院から招かれた講師が公開講座を開いていたが、学生たちは、講師の指導にいちいち質問し、解釈についてより詳細な説明を求めていた。演奏面では必ずしも優秀な学生ばかりではなかったが、とにかくその能動的な姿勢にびっくりしたことをおぼえている。

もちろん、日本人の慎み深い気質、他人を蹴落《けお》とそうとせずうまく同化していこうとする気質はとても好きだし、音楽的にも美点となると思う。しかし、他人と競う場ではマイナスに作用する。それと同じことがコンクールでも起きるような気がする。

私からは、ピアノはヴァイオリンやチェロと違って大人の楽器しかないのが問題だ、という話もした。子供の体格では大きな音を出せるはずもなく、むしろ、各関節でしっかり重さを支えられる手をつくるほうが先決だと思うが、コンクールやオーディションで成果をあげようと無理して大曲を弾く。指の力が十分ではないためにのしかかって弾いたり、腕の上下動で音を出すことになる。結果、正しい弾き方を身につけないまま大きくなり、楽器が本当の意味では鳴らないままコンクールを受けつづける。

解釈の多様化についての話も出た。最近ではSP時代の巨匠の演奏もCD化され、YouTubeで試聴も可能になっている。若いピアニストのなかには、一九世紀ヴィルトゥオーゾに憧れ、自分で作曲・編曲したり即興をおこなう人も多くなった。演奏家の創造的な側面を重視するチャイコフスキー・コンクールでは、自分で曲をアレンジしても、自分の作品を弾いてもよかった。保守的と言われるショパン・コンクールですら、以前とは比べものにならないほど自由な解釈が認められるようになった。世界のピアノ界はどんどん開かれた方向に向かっている。もちろん「楽譜に忠実」というのは必要ではあるが、日本人も、もう少し自分の解釈に積極的にかかわる努力をしてもよいのではないだろうか、というのが横山との一致した意見だった。

二〇一五年に開催された国際コンクールは、入賞歴を誇る著名な教師によって仕込まれたコンテスタントに混ざって、オリジナルな解釈を打ち出すピアニストが台頭してきたように思う。その裏には、ダン・タイ・ソンのような、彼らの個性をスポイルしないように育てた隠れた名伯楽がいたはずだ。

チャイコフスキー・コンクールでは、国際的にはまったく無名のルカ・ドゥバルグ（フランス）が、モスクワ音楽院やサンクト・ペテルブルグ音楽院の学生たちの間に割ってはいって第四位に入賞し、大きな話題を呼んだ。一一歳でピアノを始めたというドゥバルグは、一〇代のときに文学を志して三年間ピアノを休止し、二〇歳で再開した。地元の音楽院の師に専門的に勉強することを勧められ、エコール・ノルマル音楽院でシェレシェフスカヤというロシア人教師に師事した。この師が、ルカの類《たぐい》稀な才能を見抜き、特異な個性を壊さないように適切な指導をおこなってモスクワに送り込んだ。

このドゥバルグについて、本選終了後、ロシア人審査員のボリス・ベレゾフスキーが、彼はどんなに低く見積もっても第三位、自分の見解では第二位になるべきだったが、外国人審査員たちが「プロフェッショナルではない」という理由で低い評価をくだしたと批判した。これに対してイギリスのピーター・ドノホーが「それは少なくとも自分ではない」と反論して話題になった。

私も予備予選の段階では、ラヴェルの「スカルボ」やラフマニノフの『絵画的練習曲』で特異な雰囲気に魅せられたものの、ショパンの練習曲《エチュード》など精密度に欠けるので「外国人審査員」の見解に傾いていたが、ネット配信で聴いた『夜のガスパール』全曲で認識を変えた。

ポゴレリチ以来、これほど耽美《たんび》的で凄絶《せいぜつ》な『ガスパール』を聴いたことはなかった。氷の刃の上を素足で歩いているようなオンディーヌ、本物の短刀をつきつけられながら危ういところで均衡を保っているような「ジベ」。そして、暗闇で魑《ち》魅《み》魍魎《もうりょう》が踊り狂っているような「スカルボ」。精緻《せいち》なラヴェルのテキストではなく、アロイジウス・ベルトランの詩世界を再現するような演奏である。

ポゴレリチは伝統あるモスクワ音楽院に学び、リストの流れを汲むアリス・ケゼラーゼに指導を受けた。ケゼラーゼが亡くなると指針を失い、演奏は乱れた。

ドゥバルグのピアノは仕込まれたものではない。テクニックは無駄が多く、あらゆる意味で規格はずれだが、彼には内から沸き起こる強烈なイマジネーションがあり、それが有無を言わさずに指先を従わせる。教育システムが確立しすぎて飛び抜けた才能が出にくくなったこんにち、珍しい存在だ。

　二〇一五年の浜松国際コンクールで日本人としてただ一人第三次予選に進出し、溌剌とした演奏で奨励賞を受けた三浦謙司《みうらけんじ》も、教育システムの外にいたピアニストだ。高坂はる香による公式インタビューによれば、「神戸で生まれてピアノを始め、9歳か10歳のときに父の仕事の都合でドバイに引っ越しました。ドバイにはピアノの先生がいなくてだんだん弾けなくなりそうだったので、13歳のとき、ロンドンの音楽の寄宿学校に単身移って、そこで18歳まで学びました」とのこと。

アンジェイ・ドゥダ大統領（左）から祝福されるチョ・ソンジン（写真：EPA＝時事）

　いったんベルリン芸術大学に入学したものの、ピアノを専門にすることに疑問を抱き、帰国して「営業、工場、パチンコ屋、引越し屋、警備」（『ショパン』二〇一六年五月号）とあらゆる職に手を染めた。ベルリンに戻ってハンス・アイスラー音楽大学を受験するも、渡航費を補填するため入試直前まで肉体労働に従事したという、二二歳にして壮絶な人生を歩んでいる。

　ショパン・コンクールでは誰もが認める実力者のチョ・ソンジンが優勝したが、いっぽうで第二位のリシャール＝アムランのようにノーマークの入賞者もいた。

大学時代は室内楽に打ち込んで音楽力を磨き、二四歳で初めて国際コンクールを受け、ことごとく上位入賞したというアムランは、今後のモデルケースになるかもしれない。アムラン自身、自分のように「年寄り」(ティーンエイジャーが多かった第一七回ではたしかに年長の部類にはいる)で有名な教師に習ったわけでもなく、ルックス的にもスター性はなく、練習曲《エチュード》を完璧に弾くようなヴィルトゥオーゾでもない弾き手が成功したことは、あとにつづく人たちに勇気を与えるかもしれないと語っていた。

アムランにもっとも影響を与えたのは、モントリオール音楽院で師事したアンドレ・ラプラントである。一九七八年のチャイコフスキー・コンクールでミハイル・プレトニョフについで第二位に入賞したピアニストだ。ラプラントは、コンクールで勝つための傾向と対策を練るかわりに、「自分自身になる方法」をアムランに授けた。

「彼のおかげで自信を持って、自分自身の音楽をつくっていければいいのだと思えるようになりました」と、森岡葉によるインタビューでアムランは語っている。「何も恐れず、何も心配せず、自由に音楽に向き合えるようになったのです。人が私の演奏をどう思うかということは気にならなくなりました」。

日本では、コンテスタントの大半は小さなころからコンクールやオーディションを受け、青少年の国際コンクールで腕を磨いたあとで大きな国際コンクールに挑戦する。子供のころからコンクールで他人に評価されつづけると、無意識に傾向と対策に邁進《まいしん》するようになる。また、先生もそのような指導をしがちで、もちろん利点もあるが弊害も大きい。

アムランは、ショパン・コンクールであっても、審査員の好みに合わせて弾くことは考えなかったと言っている。審査員たちはそれぞれ違うので、一人一人に合わせようとすると自分が空中分解してしまう。自分の解釈を大切に、自分のために弾いた。その強さが、第二位という結果に結びついたのだろう。

2　解釈の未来

二〇一六年二月一九日、ヤマハミュージック横浜店で、ショパン・コンクールの審査員をつとめたイギリスの音楽学者ジョン・リンクの講演をきいた。彼は、ペータース社から刊行中の『新批判校訂版ショパン全集』のうち、『協奏曲第一番』と『第二番』の校訂に携わっている。

ジョン・リンクに興味をもったきっかけは、『ショパン』二〇一五年一二月号のインタビュー記事だった。コンクールの感想を述べたリンクは、自分が所有する一八四六年製プレイエルのアップライト「ピアニーノ」について語ったあと、「ショパンの孫弟子、ラウル・コチャルスキの録音もぜひ聴いていただきたいです」と補足している。

一九二七年にコンクールが始まったとき、コチャルスキはまだ四二歳だったのに、どうして彼が伝える一八世紀のスタイルがコンクールの伝統とならなかったのか、疑問の答えが出ていなかったので、彼の名前が出てきたのは嬉しかった。

前にも書いたとおり、二〇〇五年の優勝者ラファウ・ブレハッチもコチャルスキの録音を愛聴している。

「ラウル・コチャルスキのショパンの録音はとてもインスピレーションを受けました。特に彼の弾くエチュードは、純粋な音楽です」「もちろん時代の変化とともに演奏のスタイルの変遷や流行が変わるのは避けがたいことですが、それにもかかわらず変わらない伝統はあると思います」(「どんな音楽から学んだのか?」)

コチャルスキは一九一〇年、ショパン生誕一〇〇年を記念してソルボンヌ大学でおこなったレクチャーの講演記録を出版している。ポーランド語からフランス語に翻訳されているが、この書は現在に至るまでポーランドでは出版されていない。

一八八五年生まれのコチャルスキは、「ロマンティック派」パデレフスキの二五歳下、ブゾーニの一九歳下、ゴドフスキの一五歳下、コルトーの八歳下、フリードマンの三歳下。「楽譜に忠実派」のレヴィとシュナーベルの三歳下、バックハウスの一歳下、アルトゥール・ルービンシュタインの二歳上、ギーゼキングの一〇歳上である。しかし、彼自身はどちらでもなかった。ショパンの精神を受け継いで一八世紀ロココ派だったのである。

「ノイエ・ザッハリヒカイト」が席捲していた一九〇〇年代なかば、コチャルスキの演奏スタイルは、「一九世紀ロマンティシズム」の悪しき習慣と混同された。低音とメロディがずれるので誤解されるかもしれないが、パデレフスキのように「両手で交互にずらして弾く」わけではないし、ゴドフスキやブゾーニのように演奏効果をねらってテキストをゆがめてもいない。彼のノクターンは、モシェレスがショパンのピアノを聴いたときの感想「まるで歌手が伴奏を気にもとめずに、ひたすら自分の感情を追っている」を思わせるし、彼が加える装飾は、ミクリから伝授されたショパン自身のヴァリアントに他ならない。

一九四七年、クラコフでショパンの『協奏曲第一番』を弾いたときは、かねてからコチャルスキの「ロマン派的慣習」に批判的な評論家から、「古い時代の過剰でくせのある解釈にもかかわらず、疑いもなくはかりしれない才能」と評された。

1948年のラウル・コチャルスキ

しかし、翌四八年にチェリビダッケの指揮で収録した『協奏曲第二番』の瑞々しい演奏は、「ロマン派的慣習」とはかけ離れた美学を示している。ショパンが指定したよりさらにペダルが少なく、軽やかで、クラヴィコードを弾いているように繊細なタッチは、まぎれもなく一八世紀の優雅なスタイルである。

コチャルスキ自身は、一九一〇年の講演記録の序文で謙虚に次のように語っている。

「自分は権威をもって任ずるつもりは毛頭ない。純粋に個人的なものである自分の演奏や解釈を唯一正しいものだと主張する気もない。しかしながら、ミクリのもとでおこなったショパンの作品についての長い勉強の時間は私に、オーセンティックな資料をベースとした分析を皆さんに伝えることを許してくれると信じている」(Koczalski, *Frédéric Chopin*)

一九四八年二月二一日、ワルシャワのベルヴェデーレ宮殿に招かれたコチャルスキは、ショパンが使っていたプレイエルのピアノでノクターンやワルツ、『子守歌』『バラード第一番』などを演奏している。このとき六三歳。一九四九年のコンクールではようやく招かれて審査員をつとめることになっていた。しかしときすでに遅く、彼は一九四八年の一二月に亡くなった。しかし、ブレハッチも言うように、時代とともに演奏スタイルは変遷し、流行は変わっていく。しかし、せっかく時代の証言者がその場にいたのに、なんというもったいないことをしたのだろう。

証言者を失ったこんにちでは、唯一の手がかりである楽譜をもとに作曲家の真意を読み取っていかなければならない。ヤマハの講演会でジョン・リンクは、ショパンの楽譜がいかに流動的で変幻自在かということを実例を使って説明してくれた。

まずショパンは、机の上で五線紙を前に書くのではなく、ピアノを使って即興しながら作曲する人だった。ジョルジュ・サンドは、ショパンが溢れ出るアイディアをすべて書き留めることができずに苦しむ姿を描写している。やっと自筆譜にまとめても、ショパンの「作曲行為」

は永遠につづく。出版された楽譜にも手を入れ、自分の曲を弾く弟子の楽譜にもさまざまなヴァリアントを書き込む。自分が弾くときも、「一度も同じように弾いたことがなかった」という証言がある。ペダリングも指づかいもそのつど違っていた。

リンクが弾いてみせた半、「レドシラソーラシファ♯」というパッセージの「レドシラ」で、中指だけを使ったり人指し指だけを使った指づかいを書き込むときもあるし、中指―小指、人指し指―中指、小指―人指し指といった複雑な運指を指示することもある。同じ指の場合は、ひとつひとつの音の意味がはっきり伝わる。最後の指づかいではいわゆる非和声音と和声音の違いがくっきり浮かびあがり、それぞれに表現が違ってくる。

同じ協奏曲のフレージングもおもしろい。フランス版の提示部では、同じものが再現されるときに初出と違うスラーがついている。パデレフスキ版はここを統一してしまったので「一度も同じように弾かなかった」ショパンの意図が反映されないことになる（この部分は、第二章7節でも述べた、フー・ツォンがアヴデーエワが弾いた『スケルツォ第一番』を通してエキエル版に言及している内容にも通じる）。

ショパンは楽譜を出版しながら作曲する人だった、とリンクは言う。著作権のない時代で、ショパンはひとつの作品をフランスとドイツ、イギリスで出版していた。コピー機がない時代のこととて、製版用の自筆譜を作成してそれぞれの出版社に送るのだが、それぞれが違っている。たとえばドイツに自筆譜を送ったあとで考えが変わって別のヴァージョンをフランスに送ったり、楽譜が売り切れて再版するときにまた修正したりする。

これは、おそらく我々が本を書くときも同じだ。出版社に送った原稿がオリジナルとして、初校、再校と赤入れをしてだんだん仕上げていく。出版されても再版されるときにはやはり誤植や表現を直すことがある。単行本が文庫にはいるときも、著者によってはまったく違う作品になってしまうことがある（私の場合、旧稿を読み直して復活させたり、新たに書き足すこともある）。ここで、いったいどれがその人の本物の作品かということになると、何とも言えないというのが正直なところだ。本の場合は読者に届けば勝手に読んでくれるからよいが、音楽の場合は演奏家が解読して演奏しないと作品として完成しないから、解読すべきテキストが始終形を変えるのはとてもやっかいなことだ。

『ワルツ　ヘ短調作品七〇‐二』に至っては六種類の違うヴァージョンがあり、そのうち五つは自筆譜で、ひとつは死後にポーランドで出版されたヴァージョン。それぞれ大変に違う上に、装飾のヴァリアントも書き込まれている。組み合わせは無数にあるだろう。

ジョン・リンクは、ためしにそのうちいくつかを試してみましょうとピアノに向かって弾いてくれたが、二〇世紀の「不確定性原理」のように、組み合わせ次第でまったく異なった音楽になるのがおもしろかった。それでもショパンであることには間違いない。

この、音は違っていてもショパンに聴こえるというのが演奏のキモではないかと思うのだ。戦後の「ノイエ・ザッハリヒカイト」のプロパガンダは「楽譜に忠実に」だったが、作曲と楽譜の出版をめぐる複雑な経緯を知ると、いったい〝どの〟楽譜に忠実に弾けばよいのかという問題が浮上する。

たとえば、『幻想ポロネーズ』のドイツ初版に用いられた自筆譜とフランス初版に用いられた自筆譜では、序奏の最後の部分の音が異なっている。♯ひとつのことだが、聴いていてドキッとする。ショパンのように調性感が曖昧になると、和声法的にもどちらが正しく、どちらが誤っているのか判定しにくい。

ここで弾き手に何が求められるか。フランス語でいう「よい生徒」、指導者の注意をよく守る「受け身」の姿勢だけでは十分ではない。あらゆる選択肢のなかからふさわしいものを選びとって再創造する能力、クリエイターとしてのプランニングと音楽家としてのフレキシブルな感性、そして作品の核心に至るすぐれた直感力が必要になってくる。

未来の弾き手は、何を手がかりに楽譜を読み、解釈を選びとっていったらよいのだろうか。ジョン・リンクが展開するウェブサイト「Chopin Online」では、これまで図書館に行かなければ見られなかった初版楽譜やさまざまなヴァリアントをデジタル・イメージで閲覧することができる。不鮮明な自筆譜やなぐり書きのスケッチを解読するのは大変だけれど、私がパリ国立図書館でドビュッシーの資料研究をしたときの経験からいえば、じっと見ているうちに慣れてくるだろう。

他人の手によって写された印刷譜と違って、自筆譜には作曲家の思いがこもっている。出版された楽譜では均等になってしまうパッセージにも微妙なゆらぎがあり、音符にも大小がある。そこから得るイマジネーションには限りがない。

作品が完成する前のスケッチも、作曲家の発想を知る上で役に立つ。たとえば、『幻想ポロネーズ』の初期スケッチはハ短調で始まり、中間部も現在のものより半音高いキーで書かれている。それがどうして決定稿では変ロ短調になったか。演奏する気持ちはどう変化するか。両方弾き比べることでより深化した解釈ができるだろう。

『幻想ポロネーズ』の序奏では、和音と和音の間に細かい音符で書かれたアルペッジョが挿入されるのだが、スケッチで見るとこの部分はほんの覚え書き程度で、いかにも即興的な印象を受ける。ジャズのプレイヤーが根幹となるコード進行だけをメモし、あとはその場の感興に応じて変化させるように。だから、序奏の和音部分とアルペッジョ部分を同じようなトーンで演奏するのは、少なくともショパンの意図には沿っていないということになる。

弟子たちの楽譜に記されたショパン自身の指示も、演奏する上で大きなヒントになる。たとえば、ジェーン・スターリングが『ノクターン作品九‐二』をレッスンしてもらったときに使用した楽譜には、四小節目と五小節目のシ♭とソの間にギザギザの線が引かれている。おそらくここは、経過音を入れなさいという意味だろう。実際に、エキエル版のヴァリアントにはすべるような半音階が記載されている。しかし、ショパンのギザギザは、シ♭とソの間は「エキエル版」に書いてあるとおりでなくてもよい、創意工夫を凝らして、他のどんな形でつないでもよいということを示しているのである。

ジョン・リンクのレクチャーをきいて、一九二七年のショパン・コンクール創設から八八年を経て、ようやく本来あるべきスタンス――楽譜に書かれたことを盲目的に信じるのではなく、ショパンの即興精神を汲み取り、たえず姿を変える流動的な音楽であることを念頭に読み解く――が示されたという感慨をもった。

ショパン・コンクールは長らく「一九世紀ロマンティシズム」と「ノイエ・ザッハリヒカイト」をめぐって争われてきた。しかし、実際にはショパンはロマン派時代には孤立した存在であり、彼の美意識と演奏スタイルはむしろ一八世紀のほうを向いていた。

『弟子から見たショパン』が刊行されたのは一九七九年、邦訳は一九八三年、増補・改訂版は二〇〇五年である。著者のエーゲルディンゲルは序文で、「わたしはショパンの真の意図を知りたいと望むあまりにこのような仕事を思いついた」と述べている。

ショパンにかかわった同時代人の証言を集めたこの書によって、我々はショパンがどんなふうに作曲し、どんなふうに演奏したか、どんな演奏を好み、どんなふうに指導したかを――初めて――知った。ピアノ教師が、コンクールの審査員たちが決まり文句のようにくり返す「楽譜に忠実に」が、とりわけショパンの場合はそんなに単純ではないことも知った。

一九九五年に第一三回コンクールの審査員に招かれたエーゲルディンゲルは、二〇〇〇年には評論書『ショパンの響き』を刊行し、「第1章　ショパンの美学的立場」、「第2章　ショパンとバロックの伝統」、「第3章　ショパンとクープラン」、「第5章　ショパン対ベルリオーズ」などの章を通して「驚くべき大胆さで創作しつつも、一八世紀を生きた」ショパンの姿を浮き彫りにしてみせた。同書の第6章、第7章では『二四の前奏曲』が詳細に分析されているが、エーゲルディンゲルはペータース「新批判校訂版」の『二四の前奏曲』の校訂も担当し、おたまじゃくしレヴェルで「ショパンの真意」の探求をつづけている。

二〇〇九年には、東京外国語大学大学院教授（当時）関口時正《せきぐちときまさ》を代表とする「フォーラム・ポーランド」第五回会議でショパンがとりあげられた。「ショパン像をめぐって」というテーマのもとに民族性、エディション研究、手稿譜の読み方などについて発表されたあと、国立《くにたち》音楽大学准教授の加藤一郎、ピアニストの河合優子《かわいゆうこ》、ショパン研究家の武田幸子《たけださちこ》、フォーラム・ポーランド組織委員会理事の平岩理恵《ひらいわりえ》によるパネルディスカッションもおこなわれた。「オーセンティシティの追求と21世紀の今演奏するということ」という点について、加藤が「ショパンの本質に近付いていこうとすると、バロックや前古典派のような比較的古いマナーを知らないといけなくなる。それを解った上で、今演奏するために色々なことを加味していかなければならない。二重の意味で大変になってきているのです」と発言しているのが印象的だった。

二〇一五年に刊行された岡部玲子《おかべれいこ》『ショパンの楽譜、どの版を選べばいいの？』は、ここまで語ってきたことを一般向けにわかりやすくまとめた書で、エキエル版やパデレフスキ版をはじめ、刊行中の最新原典版ごとの違いを豊富な譜例を使って解説している。この書の優れた点は、それぞれの比較をとおしてショパンの考えを推理し、弾き手が自発的に解釈と奏法を選びとっていく道すじを示しているところにある。

音楽学もこれだけ演奏実践をふまえた研究がすすんでいるのだから、審査員も教育者ももっと最新の情報を知ってほしい。むやみに「楽譜に忠実」をかかげ、「ショパンの魂」といった抽象的な表現に終始するのではなく、もう少し具体的に解釈について踏み込んでほしい。たとえば「革命」の『練習曲《エチュード》』の付点ひとつとっても、「左右がずれるルバート」にしても、ショパンの意図に沿った「楽譜への不忠実」もあるのだということをわかってほしい。

従来の演奏や指導による固定観念にしばられて耳慣れない解釈を否定するのではなく、意図を理解した上で、ショパンにふさわしいかどうかを判断してほしい。どんな突飛な解釈が出てきても対応できるように、よってきたるところを理解し、裏づけのないものはそれと察知するために情報交換の場、勉強会も必要になってくると思う。

ショパン・コンクールの一七回の歴史のなかで、バドゥラ＝スコダの、ポゴレリチの、スルタノフの、ボジャノフの、オソキンスの……そして「こんなのはショパンではない」という理由で〝世に知られる前の段階で〟振り落とされてきた無数……本当に無数のコンテスタントたちの無念の思いに応えるために。

コラム　ディーナ・ヨッフェとの対話

二〇一六年三月一六日、ショパン・コンクールの予備予選と本大会の審査員をつとめたラトヴィアのピアニスト、ディーナ・ヨッフェにインタビューする機会があった。一九七五年の第九回、クリスチャン・ツィメルマン優勝のときの第二位である。音楽評論家の野村光一《のむらこういち》が絶賛し、ロシアンピアニズムを導入するきっかけをもたらした存在でもある。

予備予選のとき、あるロシア人コンテスタントの演奏にヨッフェがずっとこけていたのを見たので、話をきいてみると、DVD審査はかかわっていないので如何《いかん》ともしがたいが、自分がかかわる優秀なピアニストもセレクションから漏れたと言っていた。

ここ二回のコンクールの違いについてきくと、二〇一〇年のときのほうが、いわゆる「ショパニスト」が多かったという答えが返ってきた。同国のオソキンスについてもきいたところ、彼が才能のあるピアニストだということは間違いないと前置きした上で、もう一段階上に進むためには、もっと地道な勉強をつづけたほうがよい、私たちもコンクール後にそうしてきたと厳しい表情で語っていたのが印象的だった。

SP時代の巨匠に憧れるコンテスタントの「上下をずらすルバート」については、「自分はオールドファッションかもしれないが」と笑って、もし本当に内奥から沸き出たものならよいが、YouTubeであちらの演奏、こちらの演奏とピックアップしたものはすぐわかるとのこと。

「では、ショパンらしい演奏とはなんだと思いますか」という質問には「ポーランドでは柔らかくシンプルで繊細な演奏が好まれるようですが、私自身はショパンをもっと激しく、単にきれいなだけではなく複雑で深い音楽ととらえています」。

ヨッフェとの対話で一番心打たれたのは、彼女がコンテスタントたちの将来を親身になって考えていることだ。審査員は採点をする以外、何もかかわれないのがもどかしい、とヨッフェは言う。

本当は審査員会議を開き、コンテスタント全員について、その解釈やテクニック、将来性について語りあいたい。たとえば、第五位に入賞したイーケ・トニー・ヤンはすばらしい才能だが、いくらなんでも若すぎる。彼がこの年でショパン・コンクールに出てきたということは、もっと前からショパンに絞って勉強してきたにちがいない。しかしその年齢では、まず古典をしっかり勉強すべきだ。食べ物だって成長段階で必要な食材があるだろう。長い演奏人生を考えたら本当に危険なことだ、と力をこめて言う。

ショパン・コンクールは世界でもっとも話題になるコンクールだが、実は最近の優勝者はあまりうまく育っていないとヨッフェは指摘する。たしかにそうかもしれない。ポリーニは優勝後に一〇年の勉強期間をもった。自分の年に優勝したツィメルマンも、師匠のヤシンスキがガードしてコンサートを入れすぎないように注意していた。しかし最近では、音楽の専門家とマネジメントが遊離しており、優勝したとたんにエージェントが群がってくる。本当に心配だと眉《まゆ》をひそめる。

若い人へのメッセージを求めると、すばらしい演奏を聴いたり、偉い先生方のアドヴァイスをきくのはよいことだが、最終的には「他の誰かではなく自分自身になること」という答えが返ってきた。

コンテスタントだけではなく、審査員も勉強している。これから審査するコンクールでは、審査会の前に審査員がバッハの『平均律クラヴィーア曲集』を一曲ずつ演奏する習わしになっていて、朝早くから練習しなければならなくて大変だが、よいトレーニングになる、とのこと。ショパン・コンクールでもその方式にしたらよいではないかといたずらっぽく目を輝かせる。

まさか、審査員たちが毎朝練習曲《エチュード》を一曲ずつ弾くとか!?

あとがき

よく仲間うちで冗談に、もしショパンがショパン・コンクールに出場していたとしても絶対に一次予選で落ちるね……と言い合うことがある。

要因はいくつもある。まず第一に、ショパンはワルシャワのフィルハーモニーのような大会場は嫌いだった。ロマン派の時代にはいって芸術は市民に開放されたが、ショパンは大衆に背を向け、貴族のサロンのような小さな空間で、自分の演奏を本当に理解してくれる洗練された耳の前で弾くことを好んだ。

二〇一五年のショパン・コンクールの公式楽器はスタインウェイ、ファツィオリ、ヤマハ、カワイで、ショパンが一番好きなプレイエルは取り寄せることができないだろう。よし運んだとしても繊細すぎて音が聞こえないだろう。

コンクールではミスのない安定した演奏を心がけなければならないが、ショパンは出来ばえにむらがあった。一八三一年にパリに出てきたとき、彼のピアノを聴いたカルクブレンナーはすぐにそのことを指摘している。メンデルスゾーンも姉ファニーへの手紙で、「君のショパンに対する評価は低すぎる」として、「君が聴きに行ったときは、きっと気分が乗っていなかったんだろう――あの人には別に珍しいことでもないけれどね」と書いている。

ショパンのパリ時代、リストとタールベルクのピアノ合戦に象徴されるような「コンクール」がさかんにおこなわれていたが、ショパンは争いごとを好まなかった。彼は誰かと比較されるよりも「唯一無二」であることを望んだ。そしてそのとおりの存在だった。

ショパンはロマン派のただ中に生きた作曲家だが、大げさなもの、大がかりなもの、大きな音のするものには興味を示さなかった。習作時代には饒舌《じょうぜつ》な作品を書いたこともあるが、どんどん余分なものをそぎ落とし、厳しく自分を律し、簡素な作風に昇華させていった。

そんなショパンを愛する人々によって、よりよいショパンの弾き手を求めて一九二七年に創設されたショパン・コンクールは、最初から本質的な矛盾をはらみながら、戦後二回目以降はきっちり五年ごとに開催され、ポリーニ、アルゲリッチ、ツィメルマンなど大スターを産み、二〇一五年に第一七回を迎えた。

本書は、二〇一五年春の予備予選、秋の本大会の全行程をレポートしつつ、コンクールのあり方、ショパン音楽の本質と解釈の多様性、ピアノ教育の役割、今後の指針などについてそのつど考えたことをまとめたものである。

執筆にあたって、コンテスタントたちには春も秋もさまざまなタイミングで話をきかせてもらった。シンフォニー・ホールのロビーで立ち話したり、演奏後、ステージの袖にかけつけたり、コンテスタント用に用意された三階席で語りあったり、取材のために借りていたアパートで食事をともにしたり。

一人一人がそれぞれのショパン・コンクールを体験している。DVDを制作するときの思い、選曲へのこだわり、楽器セレクションでの葛藤《かっとう》、練習室での困惑、そして本番のステージ。

自分もかつてコンクールに参加していた時期があり、一秒ごとの緊張や不安は手にとるようにわかる。だからこそ審査は厳正にしてほしいのだが、本書にも記したように、今や「何がショパンか」という価値観すらゆらいでいる。本書を読む方には、そのことを一番知っていただきたかった。

ショパン・コンクールは五年に一度しか開催されない。二度、三度と挑戦する人もいて、そうなれば一〇代後半から二〇代の大半を費やすことになる。コンクールの常として、ピラミッドの頂点に立てる人はほんの一握りだ。

ワルシャワで最高峰の舞台に賭ける若いピアニストたちと話をするうち、単純に思ったことは、音楽のコンクールにはスポーツ裁判所にあたるものも、テニスのゲームのように審判の判定にクレームをつける制度もないということだった。

幸い、今はネット配信でワルシャワに行かずして観戦が可能になっている。コンクール側が定めた入賞者だけではなく、それぞれ好みのコンテスタントを応援してほしい。コンクールで終わるのではなく、その人たちの実演を聴き、長く活動を見守ってほしい。コンクールが勝者を決めるのではなく、一人一人の聴き手が自分の勝者をつくってほしい！

コンテスタントたちにもメッセージを発したい。結果には一喜一憂しないでほしい。本書に書いたように、今や実力は拮抗していて、コンクールはあらゆる意味で相対的になっている。そこで、ほんの少しのことが天と地ほどの差を生むことも多い。

コンクールには向き不向きがあると思う。審査員に受けるタイプと評論家に受けるタイプ、聴衆に受けるタイプがある。レコード会社のディレクターの耳にとまるタイプも、ジャーナリスト受けするタイプもいる。

自分がどのカテゴリーに属するか、自分が競う場で演奏するとどんなことが起きるかを冷静に分析する必要がある。その上で、自分に見合った活動の方法を選びとり、自分なりの聴衆を開拓するすべを知るのも、コンクールによってえられる成果のひとつだ。

ひとつひとつの体験が、今後の発展のためにかけがえのない糧とならんことを。

本書については以下の方々にお話を伺《うかが》い、反映させることができた。問題意識を同じくして語り合い、快くインタビューに応じてくださったケヴィン・ケナーさんと通訳してくださった谷明子さんには、いくら感謝してもしきれない。ダン・タイ・ソンさんとお世話されている伯田昭子さん、一九六五年と七〇年の詳細な記録を送ってくださったショパン協会理事の遠藤郁子さん、予備予選から審査された海老彰子さん、ディーナ・ヨッフェさん、イヴ・アンリさん、音楽学者の立場で審査されたジョン・リンクさん、第一六回の審査員小山実稚恵さん、一九九〇年の第三位横山幸雄さん、同第五位の高橋多佳子さんとご主人の音楽評論家下田幸二さん、ヤマハの調律師花岡昌範さん、DVD『ワルシャワの覇者』の翻訳をなさった楠原祥子さん、細かな質問に答えてくださった国立音楽大学准教授の加藤一郎さん、JK artsの木下淳さん、ピアニストの木米真理恵さん、読売新聞社甲府支局記者の渡辺友理さん。

ショパン・コンクールに関しては、長年にわたって聴きつづけ、取材しつづけている音楽評論家やライターの方がたくさんいらっしゃる。はるか後発の私は、彼ら、彼女らに助けを借りることが多かった。音楽ジャーナリストの森岡葉さんと音楽評論家焦元溥さん、フランス人評論家のエリザベス・シュネイテルさん、音楽評論家萩谷由喜子さん、音楽プロデューサーの浦久俊彦さん、音楽ジャーナリストの高坂はる香さん、上田弘子さん、せきれい社『サラサーテ』編集部の原口啓太さん、ナクソス・ジャパンの白柳龍一さん、劉優華さんにはこの場を借りて厚く御礼申しあげる。

コンクールを取材すると言っても、コンクール・ゴアーでもジャーナリストでも音楽評論家でも審査員でもない私には至難のわざだった。思いたったときはチケットは完売でツアーもキャンセル待ちだった。プレス・パス支給にあたって尽力してくださった在日ポーランド大使館のマルタ・カルジさん、栗原美穂さん、ポーランド在住のピアニスト、岩本真理さんのお力がなかったらワルシャワに出向くこともできなかったにちがいない。

クローズドでおこなわれたチャイコフスキー・コンクールの予備予選観戦を可能にしてくださったロシア語通訳の一柳富美子さん、モスクワでお世話になった石井理恵さんのおかげで、二〇一五年に開催された二大コンクールを肌で知ることができた。

最後に、『ピアニストは指先で考える』以来のおつきあいとなる中公新書編集部の小野一雄さんに感謝の念を捧げる。

二〇一六年七月

青柳いづみこ

＊あとがき執筆中に、中村紘子さん（第七回第四位）の訃報が寄せられた。二〇一〇年のコンクール後、ポーランド大使館主催で開かれたレセプションで「あなたね、健康が第一よ！」と肩を叩いてくださったのを今も忘れない。Facebook の読者から送られた第三次予選での『ノクターン作品五五‐二』を聴いて涙が止まらなかった。謹んでご冥福をお祈りします。

引用文献

青柳いづみこ『翼のはえた指——評伝安川加壽子』白水Uブックス、二〇〇八年
伊熊よし子『ショパンに愛されたピアニスト——ダン・タイ・ソン物語』ヤマハミュージックメディア、二〇〇三年
エーゲルディンゲル、ジャン＝ジャック『弟子から見たショパン——そのピアノ教育法と演奏美学』米谷治郎・中島弘二訳、増補・改訂版、音楽之友社、二〇〇五年
エーゲルディンゲル、ジャン＝ジャック『ショパンの響き』小坂裕子監訳、小坂裕子・西久美子訳、音楽之友社、二〇〇七年
岡部玲子『ショパンの楽譜、どの版を選べばいいの？——エディションの違いで読み解くショパンの音楽』ヤマハミュージックメディア、二〇一五年
加藤一郎「楽譜に刻まれたショパンの音楽世界——《24の前奏曲》作品28を中心に」、フォーラム・ポーランド組織委員会監修『フォーラム・ポーランド　二〇〇九年会議録』所収
加藤一郎・河合優子・武田幸子・平岩理恵「パネル・ディスカッション　ショパンはどこにいるの

か?」」、フォーラム・ポーランド組織委員会監修『フォーラム・ポーランド　二〇〇九年会議録』所収
小山実稚恵・青柳いづみこ「日本人がショパン・コンクールで優勝できない理由」、『中央公論』二〇一一年二月号
佐藤泰一『ドキュメント　ショパン・コンクール——その変遷とミステリー』春秋社、二〇〇五年
下田幸二「第17回開催へ向けて　ショパン・コンクールへの道標」全一五回、『音楽の友』二〇一四年九月号〜二〇一五年一一月号（本文中では「道標」と表記）。本文中で引用した第一回は「ショパン国際ピアノ・コンクール——その栄光の歴史」二〇一四年九月号、第九回は「世界の参加者たち——厳正熾烈であった事前審査と4月に集う世界の若者」二〇一五年五月号
下田幸二「海外取材　第17回ショパン国際ピアノ・コンクール 2015」、『音楽の友』二〇一五年一二月号（本文中では「海外取材」と表記）
ショーンバーグ、ハロルド・C『ピアノ音楽の巨匠たち』中河原理・矢島繁良共訳、芸術現代社、一九七七年。原書増補改訂版（一九八七年）の邦訳は後藤泰子訳、シンコーミュージック・エンタテイメント、二〇一五年
焦元溥『ピアニストが語る!——現代の世界的ピアニストたちとの対話』森岡葉訳、アルファベータ、二〇一四年
パパーノ、ドミトリ『回想　モスクワの音楽家たち』高久暁・原明美訳、音楽之友社、二〇〇三年
フォーラム・ポーランド組織委員会監修、関口時正・田口雅弘編著『フォーラム・ポーランド　二〇〇九年会議録』ふくろう出版、二〇一〇年

フー・ツォン「審査員、フー・ツォンがすべてを語る」聞き手・森岡葉、『ショパン』二〇一一年一月号

ブレハッチ、ラファウ「どんな音楽から学んだのか？」二〇〇九年、http://jp.blechaczinfo.com/quotes/

『モーツァルトの手紙――その生涯のロマン』柴田治三郎編訳、上下巻、岩波文庫、一九八〇年

ユリニッチ、アリョーシャ「アリョーシャ・ユリニッチ　インタビュー」聞き手・高坂はる香、高坂ブログ「ピアノの惑星ジャーナル」二〇一六年一月一一日、http://www.piano-planet.com/?p=1720

リンク、ジョン「深く洗練された音楽理解を――審査員リンク先生」聞き手・菅野恵理子、ピティナ「2015 ショパンコンクールリポート」第二九回、二〇一五年一〇月二四日、http://www.piano.or.jp/report/02soc/chopin_con2015/2015/10/24_20372.html

レヴィ、ラザール『ピアノ公開講座』池内友次郎・安川加壽子共訳、音楽之友社、一九五六年

レンツ、ヴィルヘルム・フォン『パリのヴィルトゥオーゾたち――ショパンとリストの時代』改訂版、中野真帆子訳、ハンナ、二〇一六年

Koczalski, Paoul, *Frédéric Chopin: conseils d'interprétation*, Buchet/Chastel, 1998.（ラウル・コチャルスキ『フレデリック・ショパン――解釈への助言』）

『ショパン』二〇一〇年六月号、「特集　予備審査、波乱の幕開けに潜入！――第16回ショパン国際ピアノコンクール参加承認者81名発表！」

『ショパン』二〇一〇年七月号、「特集　気になること、全部聞きました！――第16回ショパン国際ピ

アノコンクール予備審査」
『ショパン』二〇一〇年一二月号、「特集　乱れ咲いた鮮烈な才能　新時代、到来！――第16回ショパン国際ピアノコンクール」
『第16回ショパン国際ピアノコンクール　世紀の競演全記録』、『ショパン』二〇一一年一月増刊号、ショパン
『第17回ショパン国際ピアノコンクール全記録』、『サラサーテ』二〇一五年一二月号増刊、せきれい社（本文中では『全記録』と表記）
『ショパン』二〇一五年一二月号、「特集　第17回ショパン国際ピアノコンクール」
『家庭画報』二〇一六年一月号、「ショパン国際ピアノ・コンクール特別取材　ショパン礼讃」
『ワルシャワの覇者――ショパン国際ピアノ・コンクールの記録1927-1995』（DVD全集）学習研究社音楽出版事業部、二〇〇三年。付録として *Kronika Międzynarodowych Konkursow Pianistycznych im. Fryderyka Chopina 1927-1995*, 2000.

【ワ行】

【ローマ字】

【ヤ行】

【ラ行】

【マ行】

【ハ行】

【ナ行】

【タ行】

【サ行】

【カ行】

人名索引

（2015年コンクールの出場者には国籍を付した）

【ア行】

青柳いづみこ（あおやぎ・いづみこ）

ピアニスト・文筆家．安川加壽子，ピエール・バルビゼの両氏に師事．東京藝術大学大学院博士課程修了．学術博士．平成元年度文化庁芸術祭賞受賞．大阪音楽大学教授，日本ショパン協会理事．演奏と文筆を兼ねており，著書に『翼のはえた指　評伝安川加壽子』（吉田秀和賞），『青柳瑞穂の生涯』（日本エッセイスト・クラブ賞），『六本指のゴルトベルク』（講談社エッセイ賞），『ドビュッシー　想念のエクトプラズム』『ピアニストが見たピアニスト』『音楽と文学の対位法』『ピアニストは指先で考える』『グレン・グールド』『ドビュッシーとの散歩』『アンリ・バルダ』『どこまでがドビュッシー？』などがある．近刊に『水の音楽』（増補版）．
オフィシャルサイト http://ondine-i.net/

ショパン・コンクール
中公新書 *2395*

2016年9月25日発行

著　者　青柳いづみこ
発行者　大橋善光

本文印刷　三晃印刷
カバー印刷　大熊整美堂
製　　本　小泉製本

発行所　中央公論新社
〒100-8152
東京都千代田区大手町 1-7-1
電話　販売 03-5299-1730
　　　編集 03-5299-1830
URL http://www.chuko.co.jp/

Published by CHUOKORON-SHINSHA, INC.
Printed in Japan　ISBN978-4-12-102395-7 C1273

中公新書刊行のことば

いまからちょうど五世紀まえ、グーテンベルクが近代印刷術を発明したとき、書物の大量生産は潜在的可能性を獲得し、いまからちょうど一世紀まえ、世界のおもな文明国で義務教育制度が採用されたとき、書物の大量需要の潜在性が形成された。この二つの潜在性がはげしく現実化したのが現代である。

いまや、書物によって視野を拡大し、変りゆく世界に豊かに対応しようとする強い要求を私たちは抑えることができない。この要求にこたえる義務を、今日の書物は背負っている。だが、その義務は、たんに専門的知識の通俗化をはかることによって果たされるものでもなく、通俗的好奇心にうったえて、いたずらに発行部数の巨大さを誇ることによって果たされるものでもない。現代を真摯に生きようとする読者に、真に知るに価いする知識だけを選びだして提供すること、これが中公新書の最大の目標である。

私たちは、知識として錯覚しているものによってしばしば動かされ、裏切られる。私たちは、作為によってあたえられた知識のうえに生きることがあまりに多く、ゆるぎない事実を通して思索することがあまりにすくない。中公新書が、その一貫した特色として自らに課すものは、この事実のみの持つ無条件の説得力を発揮させることである。現代にあらたな意味を投げかけるべく待機している過去の歴史的事実もまた、中公新書によって数多く発掘されるであろう。

中公新書は、現代を自らの眼で見つめようとする、逞しい知的な読者の活力となることを欲している。

一九六二年一一月

中公新書

哲学・思想

1 日本の名著（改版） 桑原武夫編
2113 近代哲学の名著 熊野純彦編
1999 現代哲学の名著 熊野純彦編
2187 物語 哲学の歴史 伊藤邦武
2378 保守主義とは何か 宇野重規
2288 フランクフルト学派 細見和之
2300 フランス現代思想史 岡本裕一朗
2036 日本哲学小史 熊野純彦編著
832 外国人による日本論の名著 佐伯彰一・芳賀徹編
1696 日本文化論の系譜 大久保喬樹
2243 武士道の名著 山本博文
312 徳川思想小史 源了圓
2097 江戸の思想史 田尻祐一郎
2276 本居宣長 田中康二
1989 諸子百家 湯浅邦弘

2153 論語 湯浅邦弘
36 荘子 福永光司
1695 韓非子 冨谷至
1120 中国思想を考える 金谷治
2042 菜根譚 湯浅邦弘
2220 言語学の教室 西村義樹・野矢茂樹
1862 入門！論理学 野矢茂樹
448 詭弁論理学 野崎昭弘
593 逆説論理学 野崎昭弘
2087 フランス的思考 石井洋二郎
1939 ニーチェ ツァラトゥストラの謎 村井則夫
2257 ハンナ・アーレント 矢野久美子
2339 ロラン・バルト 石川美子
674 時間と自己 木村敏
1829 空間の謎・時間の謎 内井惣七
814 科学的方法とは何か 浅田彰・黒田末寿・佐和隆光・長野敬・山口昌哉
1986 科学の世界と心の哲学 小林道夫

1333 生命知としての場の論理 清水博
2176 動物に魂はあるのか 金森修
2166 精神分析の名著 立木康介編著
2203 集合知とは何か 西垣通
2222 忘れられた哲学者 清水真木

中公新書

宗教・倫理

b1

2293 教養としての宗教入門　中村圭志
2158 神道とは何か　伊藤　聡
1130 仏教とは何か　山折哲雄
2135 仏教、本当の教え　植木雅俊
2365 禅の教室　藤田一照・伊藤比呂美
134 地獄の思想　梅原　猛
1661 こころの作法　山折哲雄
989 儒教とは何か（増補版）　加地伸行
1685 儒教の知恵　串田久治
1707 ヒンドゥー教―インドの聖と俗　森本達雄
2261 旧約聖書の謎　長谷川修一
2076 アメリカと宗教　堀内一史
2360 キリスト教と戦争　石川明人
2173 韓国とキリスト教　浅見雅一・安　廷苑
2306 聖地巡礼　岡本亮輔
48 山伏　和歌森太郎
2310 山岳信仰　鈴木正崇
2334 弔いの文化史　川村邦光

中公新書

言語・文学・エッセイ

j2

- 1656 詩歌の森へ　芳賀　徹
- 1729 俳句的生活　長谷川　櫂
- 2010 和の思想　長谷川　櫂
- 2197 四季のうた―詩歌のくに　長谷川　櫂
- 2255 四季のうた―詩歌の花束　長谷川　櫂
- 1725 百人一首　高橋睦郎
- 1891 漢詩百首　高橋睦郎
- 2091 季語百話　高橋睦郎
- 2246 歳時記百話　高橋睦郎
- 2048 芭　蕉　田中善信
- 824 辞世のことば　中　西　進
- 686 死をどう生きたか　日野原重明
- 3 アーロン収容所　会田雄次
- 956 ウィーン愛憎　中島義道
- 1702 ユーモアのレッスン　外山滋比古
- 2039 孫の力―誰もしたことのない観察の記録　島　泰三
- 2053 老いのかたち　黒井千次
- 2289 老いの味わい　黒井千次
- 2252 さすらいの仏教語　玄侑宗久
- 220 詩　経　白川　静
- 1287 魯《ろ》迅《じん》　片山智行

芸術

中公新書

教育・家庭

m1

- 1136 0歳児がことばを獲得するとき　正高信男
- 1583 子どもはことばをからだで覚える　正高信男
- 2277 音楽を愛でるサル　正高信男
- 1882 声が生まれる　竹内敏晴
- 1403 子ども観の近代　河原和枝
- 2218 特別支援教育　柘植雅義
- 2004 2005 大学の誕生（上下）　天野郁夫
- 1249 大衆教育社会のゆくえ　苅谷剛彦
- 2006 教育と平等　苅谷剛彦
- 1704 教養主義の没落　竹内　洋
- 2149 高校紛争 1969-1970　小林哲夫
- 1884 女学校と女学生　稲垣恭子
- 1955 学歴・階級・軍隊　高田里惠子
- 1065 人間形成の日米比較　恒吉僚子
- 1578 イギリスのいい子 日本のいい子　佐藤淑子
- 1984 日本の子どもと自尊心　佐藤淑子
- 416 ミュンヘンの小学生　子安美知子
- 2066 いじめとは何か　森田洋司
- 1942 算数再入門　中山　理
- 2217 中学数学再入門　中山　理
- 986 数学流生き方の再発見　秋山　仁